대한민국 법령 시리즈 36

산림문화 · 휴양에 관한 법률

(약칭 : 산림휴양법)

법령
시행령
시행규칙

해광출판사

머리말

이 책은 방대한 법전을 보지 않고 간편하게 해당되는 법령만 참고해서 볼 수 있도록 하였습니다. 공공기관이나 관련 종사자들이 쉽고 간편하게 해당 법령을 참조 할 수 있도록 하였습니다.

특히 해당법률은 물론 관련 시행령, 시행규칙을 함께 실어 관련법을 서로 참고할 수 있게 하였습니다.

법률이라는 것이 크든 작든 항상 변하는 관계로, 출간 이후의 정확하고 최신의 법률은 법제처 국가법령정보센터에서 확인이 가능하니 법률의 실제 적용 시 확인이 필요한 점 유의하기를 바랍니다.

편집부

* 수록 법률은 법제처 국가법령정보센터에서 확인 가능합니다.
* 발행일 기준 시행 법률이므로 최신 법령은 위 센터에서 볼 수 있습니다.
* 본 책자에 수록된 법률의 문구에 대하여 법적인 효력은 없으며,
  실제 적용 법률은 위 센터에서 최신의 법률로 확인하시기 바랍니다.
* 해당 법령과 함께 시행령, 시행규칙도 수록되어 있습니다.
* 발행일 기준으로 개정 예정 법률은 밑줄로 별도 표시되어 있으며,
  보다 정확한 것은 법제처에서 확인하기 바랍니다.

목차

산림문화 · 휴양에 관한 법률
(약칭 : 산림휴양법)

[시행 2025. 6. 21.] [법률 제20581호, 2024. 12. 20., 타법개정]

**개정 예정 법률 밑줄 별도 표시.

산림문화 · 휴양에 관한 법률
(약칭 : 산림휴양법)

[시행 2025. 6. 21.] [법률 제20581호, 2024. 12. 20., 타법개정]

제1장 총칙

제1조(목적) 이 법은 산림문화와 산림휴양자원의 보전 · 이용 및 관리에 관한 사항을 규정하여 국민에게 쾌적하고 안전한 산림문화 · 휴양서비스를 제공함으로써 국민의 삶의 질 향상에 이바지함을 목적으로 한다.

제2조(정의) 이 법에서 사용하는 용어의 정의는 다음과 같다. 〈개정 2010. 3. 17., 2011. 3. 9., 2011. 7. 14., 2015. 1. 20., 2018. 2. 21., 2022. 6. 10., 2023. 6. 20.〉

1. "산림문화"란 산림과 인간의 상호작용으로 형성되는 정신적 · 물질적 산물의 총체로서 산림과 관련한 전통과 유산 및 생활양식 등과 산림을 활용하여 보고, 즐기고, 체험하고, 창작하는 모든 활동을 말한다.

1의2. "산림휴양"이란 산림 안에서 이루어지는 심신의 휴식 및 치유 등을 말한다.

2. "자연휴양림"이라 함은 국민의 정서함양 · 보건휴양 및 산림교

육 등을 위하여 조성한 산림(휴양시설과 그 토지를 포함한다)을 말한다.

3. “산림욕장”(山林浴場)이란 국민의 건강증진을 위하여 산림 안에서 맑은 공기를 호흡하고 접촉하며 산책 및 체력단련 등을 할 수 있도록 조성한 산림(시설과 그 토지를 포함한다)을 말한다.

4. “산림치유”란 향기, 경관 등 자연의 다양한 요소를 활용하여 인체의 면역력을 높이고 건강을 증진시키는 활동을 말한다.

5. “치유의 숲”이란 산림치유를 할 수 있도록 조성한 산림(시설과 그 토지를 포함한다)을 말한다.

6. “숲길”이란 등산 · 트레킹 · 레저스포츠 · 탐방 또는 휴양 · 치유 등의 활동을 위하여 제23조에 따라 산림에 조성한 길(이와 연결된 산림 밖의 길을 포함한다)을 말한다.

7. “산림문화자산”이란 산림 또는 산림과 관련되어 형성된 것으로서 생태적 · 경관적 · 정서적으로 보존할 가치가 큰 유형 · 무형의 자산을 말한다.

8. “숲속야영장”이란 산림 안에서 텐트와 자동차 등을 이용하여 야영을 할 수 있도록 적합한 시설을 갖추어 조성한 공간(시설과 토지를 포함한다)을 말한다.

8의2. “산림레포츠”란 산림 안에서 이루어지는 모험형 · 체험형 레저스포츠를 말한다.

9. “산림레포츠시설”이란 산림레포츠에 지속적으로 이용되는 시설과 그 부대시설을 말한다.

10. “숲경영체험림”이란 임업(「임업 및 산촌 진흥촉진에 관한 법

률」 제2조제1호에 따른 영림업 또는 임산물생산업에 한정한다. 이하 같다) 경영을 체험할 수 있도록 조성한 산림(산림문화·휴양을 위한 시설과 토지를 포함한다)을 말한다.

제3조(국가와 지방자치단체의 책무) 국가 및 지방자치단체는 산림문화·휴양의 진흥을 위한 시책을 수립·시행하여야 하며, 산림문화·휴양자원의 보전과 이용이 조화와 균형을 이루도록 하여야 한다.

제2장 산림문화·휴양기본계획 등

제4조(산림문화·휴양기본계획의 수립·시행 등) ①산림청장은 관계 중앙행정기관의 장과 협의하여 전국의 산림을 대상으로 산림문화·휴양기본계획(이하 "기본계획"이라 한다)을 5년마다 수립·시행할 수 있다. 〈개정 2018. 2. 21.〉

②기본계획에는 다음 각 호의 사항이 포함되어야 한다. 〈개정 2018. 2. 21.〉

1. 산림문화·휴양시책의 기본목표 및 추진방향
2. 산림문화·휴양 여건 및 전망에 관한 사항
3. 산림문화·휴양 수요 및 공급에 관한 사항
4. 산림문화·휴양자원의 보전·이용·관리 및 확충 등에 관한 사항
5. 산림문화·휴양을 위한 시설 및 그 안전관리에 관한 사항
6. 산림문화·휴양정보망의 구축·운영에 관한 사항
7. 그 밖에 산림문화·휴양에 관련된 주요시책에 관한 사항

③산림청장 또는 특별시장·광역시장·특별자치시장·도지사·특별자치도지사(이하 "시·도지사"라 한다)는 기본계획에 따라 관할 구

역의 특수성을 고려하여 지역산림문화·휴양계획(이하 "지역계획"이라 한다)을 5년마다 수립·시행할 수 있다. 〈개정 2010. 3. 17., 2015. 1. 20., 2018. 2. 21., 2020. 2. 18.〉

④ 산림청장 또는 시·도지사는 사회적·지역적·산림환경적 여건 변화 등을 고려하여 필요하다고 인정하면 기본계획 또는 지역계획을 변경할 수 있다. 〈신설 2020. 2. 18.〉

⑤ 산림청장은 기본계획을 수립하거나 변경하는 경우에는 「산림복지 진흥에 관한 법률」 제5조에 따른 산림복지진흥계획과 연계되도록 하여야 한다. 〈신설 2018. 2. 21., 2020. 2. 18.〉

⑥ 산림청장 또는 시·도지사는 기본계획 또는 지역계획을 수립하는 경우 산림문화, 산림휴양, 산림치유 및 산림레포츠 등 부문별로 수립할 수 있다. 〈신설 2018. 2. 21., 2020. 2. 18.〉

⑦산림청장은 지역계획의 추진실적을 평가하고, 그 결과에 따라 지방자치단체에 차등하여 지원할 수 있다. 〈개정 2014. 6. 3., 2015. 1. 20., 2018. 2. 21., 2020. 2. 18.〉

⑧ 산림청장은 기본계획에 따른 연도별 시행계획(이하 이 조에서 "시행계획"이라 한다)을 수립·시행하고 이에 필요한 재원을 확보하기 위하여 노력하여야 한다. 〈신설 2019. 12. 3., 2020. 2. 18.〉

⑨ 산림청장은 기본계획 및 시행계획을 수립하거나 변경한 때에는 관계 중앙행정기관의 장 및 시·도지사에게 통보하고 국회 소관 상임위원회에 제출하여야 한다. 〈신설 2019. 12. 3., 2020. 2. 18.〉

⑩ 산림청장은 기본계획 및 시행계획을 수립하거나 변경한 때에는 대통령령으로 정하는 바에 따라 이를 공표하여야 한다. 〈신설

2019. 12. 3., 2020. 2. 18.〉

⑪ 산림청장은 기본계획 및 시행계획을 수립하기 위하여 필요한 경우에는 관계 중앙행정기관의 장 또는 시 · 도지사에게 관련 자료의 제출을 요청할 수 있다. 이 경우 자료의 제출을 요청받은 관계 기관의 장은 정당한 사유가 없으면 이에 따라야 한다. 〈신설 2019. 12. 3., 2020. 2. 18.〉

⑫기본계획과 시행계획 및 지역계획의 수립절차, 변경 등에 관하여 필요한 사항은 대통령령으로 정한다. 〈개정 2018. 2. 21., 2019. 12. 3., 2020. 2. 18.〉

[제목개정 2019. 12. 3.]

第5조(계획 수립을 위한 기초조사) ①산림청장 또는 시 · 도지사는 기본계획 및 지역계획을 수립하거나 이를 변경하고자 하는 때에는 산림문화 · 휴양자원의 현황과 주변지역의 토지이용실태 등에 관한 기초조사를 실시하여야 한다.

②산림청장 또는 시 · 도지사는 효율적인 조사를 위하여 필요한 경우에는 제1항에 따른 기초조사 업무를 「산림조합법」에 의한 산림조합(이하 "산림조합"이라 한다) 등 대통령령으로 정하는 법인 · 단체 등에 위탁할 수 있다. 〈개정 2020. 2. 18.〉

第6조(산림문화 · 휴양정보망 구축 · 운영 등) 산림청장은 산림문화 · 휴양에 관한 정보와 자료 등을 수요자에게 효율적으로 전달하기 위하여 산림문화 · 휴양정보망을 구축 · 운영하여야 한다.

第6조의2(산림문화 · 휴양발전 지역협의회) ① 지방자치단체의 장은 산림문화 · 휴양서비스의 활성화와 산림문화 · 휴양자원의 보전 · 이용

·관리 등을 위하여 지역사회의 주민단체, 자원봉사자, 관계 전문가 및 공공기관이 참여하는 산림문화·휴양발전 지역협의회를 구성·운영할 수 있다.

② 제1항에 따른 산림문화·휴양발전 지역협의회의 구성·기능 및 운영 등에 필요한 사항은 대통령령으로 정한다.

[본조신설 2018. 2. 21.]

제7조 삭제 〈2011. 7. 25.〉

제8조 삭제 〈2011. 7. 25.〉

제9조 삭제 〈2011. 7. 25.〉

제10조 삭제 〈2011. 7. 25.〉

제11조 삭제 〈2011. 7. 25.〉

제3장 산림치유지도사 등 〈신설 2019. 12. 3.〉

제11조의2(산림치유지도사) ① 산림청장은 산림치유를 활성화하기 위하여 대통령령으로 정하는 자격기준을 갖춘 사람에게 산림치유를 지도하는 사람(이하 "산림치유지도사"라 한다)의 자격을 부여하고 이를 육성할 수 있다. 〈개정 2019. 12. 3.〉

② 산림치유지도사가 되려는 사람은 제1항에 따른 자격기준을 갖추고 농림축산식품부령으로 정하는 바에 따라 산림청장에게 산림치유지도사 자격증 발급을 신청하여야 한다. 〈신설 2019. 12. 3.〉

③ 제1항에 따른 산림치유지도사는 자연휴양림, 산림욕장, 치유의 숲, 숲길 등에서 농림축산식품부령으로 정하는 산림치유 프로그램을 개발·보급하거나 지도하는 업무를 담당한다. 〈개정 2013. 3. 23.,

2014. 6. 3., 2019. 12. 3.〉

④ 다음 각 호의 어느 하나에 해당하는 사람은 산림치유지도사가 될 수 없다. 〈개정 2014. 6. 3., 2016. 12. 27., 2019. 12. 3., 2020. 2. 18.〉

1. 피성년후견인 또는 피한정후견인

2. 다음 각 목의 어느 하나에 해당하는 죄를 저질러 금고 이상의 실형을 선고받고 그 집행이 종료되거나 집행을 받지 아니하기로 확정된 후 2년이 지나지 아니한 사람

가. 이 법 또는 「산림교육의 활성화에 관한 법률」에 따른 죄

나. 「형법」 제297조, 제297조의2, 제298조부터 제301조까지, 제301조의2, 제302조, 제303조, 제305조, 제305조의2 또는 제339조의 죄

다. 「성폭력범죄의 처벌 등에 관한 특례법」 제3조부터 제11조까지 또는 제15조(같은 법 제3조부터 제9조까지의 미수범으로 한정한다)의 죄

라. 「아동·청소년의 성보호에 관한 법률」 제7조부터 제10조까지의 죄

마. 나목부터 라목까지의 죄로서 다른 법률에 따라 가중처벌되는 죄

3. 제2호 각 목의 어느 하나에 해당하는 죄를 저질러 금고 이상의 형의 집행유예를 선고받고 그 유예기간 중에 있는 사람

4. 법원의 판결 또는 법률에 따라 자격이 상실되거나 정지된 사람

⑤ 이 법에 따라 자격이 부여된 사람이 아니면 산림치유지도사 명칭이나 이와 비슷한 명칭을 사용하지 못한다. 〈개정 2016. 12. 27., 2019. 12. 3.〉

⑥ 산림치유지도사는 다른 사람에게 그 명의를 사용하게 하거나 자격증을 대여해서는 아니 된다. 〈신설 2020. 2. 18.〉

⑦ 누구든지 산림치유지도사의 자격을 취득하지 아니하고 그 명의를 사용하거나 자격증을 대여받아서는 아니 되며, 명의의 사용이나 자격증의 대여를 알선해서도 아니 된다. 〈신설 2020. 2. 18.〉

⑧ 산림청장은 제1항에 따른 산림치유지도사 자격의 부여에 관한 업무를 농림축산식품부령으로 정하는 전문기관 또는 단체에 위탁하여 실시할 수 있다. 〈신설 2023. 6. 20.〉

[본조신설 2011. 7. 14.]

제11조의3(산림치유지도사의 활용 등) ① 국가 또는 지방자치단체는 국민들이 치유의 숲을 효과적으로 이용할 수 있도록 하기 위하여 산림치유지도사를 활용하거나 활용하게 할 수 있다.

② 산림청장 또는 지방자치단체의 장은 산림치유지도사의 활동에 필요한 비용 등을 지원할 수 있다.

[본조신설 2011. 7. 14.]

제11조의4(산림치유지도사 양성기관 지정 등) ① 산림청장은 국공립 교육시설, 산림치유 관련 교육·기관 단체를 운영시설·인력·교육과정 등 대통령령으로 정하는 요건 및 절차에 따라 산림치유지도사 양성기관(이하 "양성기관"이라 한다)으로 지정할 수 있다. 〈개정 2019. 12. 3.〉

② 제1항에 따라 양성기관으로 지정받은 자는 양성과정, 교육설비 및 장비 등 농림축산식품부령으로 정하는 사항이 변경된 경우에는 산림청장에게 변경신고를 하여야 한다. 〈신설 2019. 12. 3.〉

③ 산림청장은 양성기관이 제1항에 따른 지정요건에 맞게 운영하는지 여부를 조사하기 위하여 양성기관에 관련 자료를 요구하거나 현장점검을 할 수 있다. 〈신설 2019. 12. 3.〉

④ 산림청장은 양성기관이 다음 각 호의 어느 하나에 해당하는 경우에는 농림축산식품부령으로 정하는 바에 따라 그 지정을 취소하거나 시정을 명할 수 있다. 다만, 제1호에 해당하는 경우에는 그 지정을 취소하여야 한다. 〈신설 2014. 6. 3., 2019. 12. 3.〉

1. 거짓이나 그 밖의 부정한 방법으로 지정을 받은 경우

2. 지정요건에 적합하지 아니하게 된 경우

3. 정당한 사유 없이 제3항에 따른 산림청장의 자료요구 또는 현장점검을 거부·방해·기피하거나 거짓으로 자료를 제출한 경우

4. 그 밖에 대통령령령으로 정하는 사항을 위반한 경우

⑤ 산림청장은 제4항에 따라 지정이 취소된 자(법인인 경우에는 그 대표자를 포함한다)에 대해서는 그 지정이 취소된 날부터 1년 이내에 양성기관으로 지정하여서는 아니 된다. 다만, 제4항제1호의 사유로 지정이 취소된 경우에는 그 지정이 취소된 날부터 3년 이내에 양성기관으로 지정하여서는 아니 된다. 〈신설 2014. 6. 3., 2019. 12. 3.〉

⑥ 산림치유지도사 양성에 필요한 교육의 내용·기간, 그 밖에 필요한 사항은 농림축산식품부령으로 정한다. 〈개정 2013. 3. 23.,

2014. 6. 3., 2019. 12. 3.〉

[본조신설 2011. 7. 14.]

제11조의5(산림치유지도사의 자격 취소 및 정지) 산림청장은 제11조의2제1항에 따라 산림치유지도사의 자격을 취득한 사람이 다음 각 호의 어느 하나에 해당하면 그 자격을 취소하거나 3년의 범위에서 자격을 정지할 수 있다. 다만 제1호 및 제2호에 해당하면 그 자격을 취소하여야 한다.

1. 거짓이나 그 밖의 부정한 방법으로 자격을 취득한 경우

2. 자격정지 기간에 업무를 수행한 경우

3. 제11조의2제6항을 위반하여 다른 사람에게 산림치유지도사의 명의를 사용하게 하거나 그 자격증을 대여한 경우

4. 제11조의2제7항을 위반하여 산림치유지도사 명의의 사용이나 자격증의 대여를 알선한 경우

[본조신설 2020. 2. 18.]

제11조의6(산림치유 관련 연구개발 및 보급 등) ① 산림청장은 산림치유의 활성화를 위하여 다음 각 호의 사항에 대한 연구개발 및 보급 등을 추진하여야 한다.

1. 산림치유정책

2. 산림치유자원, 산림치유시설(「산림복지 진흥에 관한 법률」 제2조제9호에 따른 산림복지시설 내 산림치유를 위한 시설을 말한다. 이하 같다), 산림치유 프로그램 등 산림치유 관련 기술

3. 산림치유 관련 기술의 효과 검증

4. 산림치유시설 등을 기반으로 제공되는 서비스(이하 "산림치유

서비스"라 한다)

5. 산림치유서비스의 품질관리, 안전관리, 전문인력 양성 및 교육

6. 그 밖에 산림청장이 산림치유 연구개발 및 보급에 필요하다고 인정하는 사항

② 산림청장은 제1항에 따라 개발된 기술의 사업화를 촉진하기 위하여 필요한 시책을 추진할 수 있다.

③ 제1항 각 호에 따른 연구개발 및 보급 등을 추진하기 위하여 필요한 사항은 대통령령으로 정한다.

[본조신설 2023. 10. 31.]

제11조의7(산림치유 관련 창업 지원 등) ① 산림청장은 산림치유와 관련한 창업을 하거나 기술을 사업화하려는 자에게 대통령령으로 정하는 바에 따라 다음 각 호의 지원을 할 수 있다.

1. 제11조의6제1항제2호 및 제3호에 따른 연구개발 성과의 제공

2. 산림치유서비스 제공을 위한 장비와 시설의 설치 및 운영에 필요한 자금 지원. 이 경우 자금의 전부 또는 일부를 예산의 범위에서 지원할 수 있다.

3. 창업에 필요한 전문기술 및 법률 등에 관한 컨설팅

② 산림청장은 제1항 각 호에 따른 지원을 하는 경우에 「농어업경영체 육성 및 지원에 관한 법률」 제2조제3호에 따른 농업경영체를 우대할 수 있다.

[본조신설 2023. 10. 31.]

제12조(산림레포츠지도사) ① 산림청장은 산림레포츠를 활성화하기 위하여 대통령령으로 정하는 자격기준을 갖춘 사람에게 산림레포츠

를 지도하는 사람(이하 "산림레포츠지도사"라 한다)의 자격을 부여하고 이를 육성할 수 있다.

② 산림레포츠지도사가 되려는 사람은 제1항에 따른 자격기준을 갖추고 농림축산식품부령으로 정하는 바에 따라 산림청장에게 산림레포츠지도사 자격증 발급을 신청하여야 한다.

③ 산림레포츠지도사는 산림레포츠시설에서 농림축산식품부령으로 정하는 산림레포츠 프로그램을 개발·보급하거나 지도하는 업무를 담당한다.

④ 이 법에 따라 자격이 부여된 사람이 아니면 산림레포츠지도사 명칭이나 이와 비슷한 명칭을 사용하지 못한다.

[본조신설 2019. 12. 3.]

제12조의2(산림레포츠지도사의 활용 등) ① 국가 또는 지방자치단체는 국민들이 산림레포츠시설을 효과적으로 이용할 수 있도록 하기 위하여 산림레포츠지도사를 활용하거나 산림레포츠시설을 운영하는 자로 하여금 산림레포츠지도사를 활용하게 할 수 있다.

② 산림청장 또는 지방자치단체의 장은 산림레포츠지도사의 활동에 필요한 비용 등을 지원할 수 있다.

[본조신설 2019. 12. 3.]

제4장 자연휴양림 및 산림욕장 등의 조성 등 〈개정 2010. 3. 17.〉

제13조(자연휴양림의 지정) ①산림청장은 소관 국유림을 자연휴양림으로 지정할 수 있다. 〈개정 2010. 3. 17., 2018. 2. 21.〉

② 산림청장은 공유림 또는 사유림의 소유자(사용·수익할 수 있는 자를 포함한다. 이하 이 장 및 제32조에서 같다) 또는 국유림의 대부 또는 사용허가(이하 "대부등"이라 한다)를 받은 자(받으려는 자를 포함한다)의 지정 신청에 따라 그가 소유하고 있거나 대부등을 받은 산림(받으려는 산림을 포함한다)을 자연휴양림으로 지정할 수 있다. 이 경우 지정 신청의 절차 등은 농림축산식품부령으로 정한다. 〈개정 2010. 3. 17., 2013. 3. 23., 2023. 6. 20.〉

③ 산림청장은 제1항과 제2항에 따라 자연휴양림으로 지정하려는 산림에 둘러싸인 토지 중 자연휴양림으로 관리할 필요가 있는 것으로서 대통령령으로 정하는 면적 이내의 토지를 자연휴양림에 포함하여 지정할 수 있다. 이 경우 지정된 토지는 「산림자원의 조성 및 관리에 관한 법률」 제2조제1호의 산림으로 본다. 〈신설 2016. 12. 27.〉

④산림청장은 제1항부터 제3항까지에 따라 자연휴양림을 지정한 때에는 이를 신청인 및 관계 행정기관의 장에게 통보하고 자연휴양림의 명칭·위치·지번·지목·면적 그 밖에 필요한 사항을 고시하여야 한다. 〈개정 2010. 3. 17., 2016. 12. 27.〉

⑤ 자연휴양림 지정의 방법·절차, 그 밖에 필요한 사항은 농림축산식품부령으로 정한다. 〈개정 2015. 1. 20.〉

[제목개정 2010. 3. 17., 2015. 1. 20.]

제14조(자연휴양림의 조성) ① 산림청장은 제13조제1항에 따라 자연휴양림으로 지정된 국유림에 휴양시설의 설치 및 숲가꾸기 등을 하려는 경우 농림축산식품부령으로 정하는 바에 따라 휴양시설 및

숲가꾸기 등의 조성계획(이하 "자연휴양림조성계획"이라 한다)을 작성하여야 한다. 자연휴양림조성계획을 변경하려는 경우에도 또한 같다. 〈신설 2018. 2. 21.〉

②제13조제2항 및 제3항에 따라 자연휴양림으로 지정된 산림에 휴양시설의 설치 및 숲가꾸기 등을 하려는 자는 농림축산식품부령으로 정하는 바에 따라 자연휴양림조성계획을 작성하여 시·도지사의 승인을 받아야 한다. 승인받은 자연휴양림조성계획을 변경하는 경우에도 또한 같다. 〈개정 2008. 2. 29., 2010. 3. 17., 2013. 3. 23., 2016. 12. 27., 2018. 2. 21.〉

③시·도지사는 제2항에 따라 자연휴양림조성계획을 승인한 때에는 산림청장에게 통보하여야 한다. 〈개정 2018. 2. 21.〉

④자연휴양림 안에 설치할 수 있는 휴양시설의 종류 및 기준 등은 대통령령으로 정한다. 〈개정 2018. 2. 21.〉

⑤ 산림청장 또는 시·도지사는 자연휴양림조성계획을 작성 또는 변경작성하거나 승인 또는 변경승인한 경우에는 농림축산식품부령으로 정하는 바에 따라 그 내용을 고시하여야 한다. 〈개정 2018. 2. 21.〉

⑥산림청장 또는 지방자치단체의 장은 자연휴양림조성계획에 따라 자연휴양림을 조성하는 자에게 그 사업비의 전부 또는 일부를 보조하거나 융자할 수 있다. 〈개정 2015. 1. 20., 2018. 2. 21.〉

제15조 삭제 〈2010. 3. 17.〉

제16조(자연휴양림조성계획의 승인취소 등) ①시·도지사는 제14조제2항에 따라 자연휴양림조성계획의 승인을 받은 자가 다음 각 호의 어느 하나에 해당하는 경우에는 그 승인을 취소할 수 있다. 다

만, 제1호에 해당하는 경우에는 그 승인을 취소하여야 한다. 〈개정 2010. 3. 17., 2018. 2. 21., 2020. 2. 18., 2023. 6. 20.〉

1. 거짓이나 그 밖의 부정한 방법으로 승인을 받은 경우

2. 정당한 사유 없이 승인을 받은 날부터 1년 이내에 자연휴양림 조성사업을 시작하지 아니하거나 1년 이상 사업을 중단한 경우

3. 정당한 사유 없이 승인을 받은 자연휴양림조성계획의 내용대로 사업을 이행하지 아니한 경우

4. 삭제 〈2010. 3. 17.〉

5. 승인을 받은 자가 스스로 승인의 취소를 신청하는 경우

②시·도지사는 제1항의 규정에 따라 자연휴양림조성계획의 승인을 취소한 때에는 산림청장에게 통보하여야 한다.

③산림청장은 제2항에 따른 통보를 받은 때에는 제1항에 따라 승인이 취소된 자에 대하여 산림의 원상복구를 명하거나 제14조제6항에 따라 보조 또는 융자한 비용이 있는 경우에는 그 전부 또는 일부를 회수할 수 있다. 〈개정 2018. 2. 21.〉

④산림청장은 제3항에 따라 산림의 원상복구 명령을 받은 자가 이를 이행하지 아니한 때에는 「행정대집행법」을 준용하여 대집행할 수 있다. 이 경우 대집행에 소요되는 비용은 「산지관리법」 제38조의 규정에 따라 예치한 복구비로 충당할 수 있다. 〈개정 2020. 2. 18.〉

제16조의2(자연휴양림의 안전관리 등) ① 제14조에 따라 조성된 자연휴양림을 관리하는 자는 재난·사고 예방 및 재난·사고 발생 시 이용자 보호 등 피해의 최소화를 위한 조치를 포함한 안전관리계획을 수립하고, 자연휴양림에 대한 정기적인 안전점검을 실시하여야

한다.

② 산림청장 및 지방자치단체의 장은 자연휴양림에 대한 정기적인 안전점검을 실시하여야 한다.

③ 제1항 및 제2항에 따른 자연휴양림 안전관리계획의 수립, 안전점검 등에 필요한 사항은 대통령령으로 정한다.

[본조신설 2018. 2. 21.]

제17조 삭제 〈2015. 1. 20.〉

제18조(자연휴양림의 휴식년제) ①산림청장 또는 지방자치단체의 장은 자연휴양림의 보호 및 이용자의 안전 등을 위하여 국유 또는 공유 자연휴양림의 전부 또는 일부 구역에 대하여 일정 기간 동안 일반인의 출입을 제한하거나 금지하는 휴식년제를 실시할 수 있다.

②제1항 외의 자연휴양림의 경우에는 그 소유자의 신청에 따라 시장(특별자치시의 경우는 특별자치시장을, 특별자치도의 경우는 특별자치도지사를 말한다. 이하 같다)·군수 또는 자치구의 구청장(이하 "시장·군수·구청장"이라 한다)이 휴식년제를 실시할 수 있다. 〈개정 2010. 3. 17., 2016. 12. 27.〉

③산림청장 또는 지방자치단체의 장은 제1항 및 제2항에 따른 휴식년제를 실시하는 경우에는 해당 자연휴양림의 위치·면적·출입의 제한 또는 금지기간 그 밖에 농림축산식품부령이 정하는 사항을 고시하여야 한다. 〈개정 2008. 2. 29., 2013. 3. 23., 2020. 2. 18.〉

④ 산림청장 또는 지방자치단체의 장은 제1항에 따른 휴식년제를 실시하는 경우 재해 또는 안전 등에 관련된 특별한 사유가 없으면 시행 1년 전에 이를 인터넷 홈페이지 등을 통하여 알려야 한다.

〈신설 2020. 2. 18.〉

⑤휴식년제를 실시하는 자연휴양림에 출입하고자 하는 자는 산림청장 또는 지방자치단체의 장의 허가를 받아야 한다. 다만, 산림사업의 시행, 산불진화 그 밖에 농림축산식품부령으로 정하는 사유가 있는 경우에는 허가받지 아니하고 출입할 수 있다. 〈개정 2008. 2. 29., 2013. 3. 23., 2020. 2. 18.〉

제19조(자연휴양림의 지정해제 등) ①산림청장은 자연휴양림으로 지정된 산림이 다음 각 호의 어느 하나에 해당하는 사유가 발생한 경우에는 그 지정을 해제하거나 지정된 구역의 일부를 변경할 수 있다. 〈개정 2010. 3. 17., 2015. 1. 20.〉

1. 자연휴양림의 지정을 받은 자가 지정해제 또는 지정구역 변경을 요청하는 경우

2. 천재지변 등으로 인한 피해로 산림의 임상 · 면적 등이 제21조의2제1항에 따른 타당성 평가 기준에 적합하지 아니하게 된 경우

3. 공공사업의 시행 등으로 인하여 지정목적을 달성할 수 없거나 지정구역의 변경이 필요한 경우

②산림청장은 제1항에 따라 자연휴양림의 지정을 해제하거나 지정된 구역의 일부를 변경한 때에는 이를 산림소유자 또는 대부등을 받은 자 및 관계 행정기관의 장에게 통보하고 자연휴양림의 명칭 · 위치 · 지번 · 지목 · 면적 그 밖의 필요한 사항을 고시하여야 한다. 〈개정 2020. 2. 18.〉

제20조(산림욕장등의 조성) ①산림청장은 소관 국유림에 산림욕장 · 치유의 숲 · 숲속야영장 · 산림레포츠시설(이하 "산림욕장등"이라 한다)

을 조성하려는 경우 농림축산식품부령으로 정하는 바에 따라 산림욕장등에 필요한 시설 등의 조성계획(이하 "산림욕장등조성계획"이라 한다)을 작성하여야 한다. 산림욕장등조성계획을 변경하려는 경우에도 또한 같다. 〈개정 2010. 3. 17., 2015. 1. 20., 2018. 2. 21.〉

②공유림 또는 사유림의 소유자 또는 국유림의 대부등을 받은 자(받으려는 자를 포함한다)는 소유하고 있거나 대부등을 받은 산림(받으려는 산림을 포함한다)을 산림욕장등으로 조성하려면 농림축산식품부령으로 정하는 바에 따라 산림욕장등조성계획을 작성하여 시·도지사의 승인을 받아야 한다. 승인받은 산림욕장등조성계획을 변경하려는 경우에도 또한 같다. 〈개정 2008. 2. 29., 2010. 3. 17., 2013. 3. 23., 2018. 2. 21., 2023. 6. 20.〉

③ 산림청장 또는 시·도지사는 제1항과 제2항에 따라 산림욕장등으로 조성하려는 산림에 둘러싸인 토지 중 산림욕장등으로 조성할 필요가 있는 것으로서 대통령령으로 정하는 면적 이내의 토지를 산림욕장등조성계획에 포함하여 작성하거나 승인할 수 있다. 이 경우 작성하거나 승인된 토지는 「산림자원의 조성 및 관리에 관한 법률」 제2조제1호에 따른 산림으로 본다. 〈신설 2016. 12. 27., 2018. 2. 21.〉

④시·도지사는 제2항에 따라 산림욕장등조성계획을 승인한 때에는 산림청장에게 통보하여야 한다. 〈개정 2010. 3. 17., 2016. 12. 27.〉

⑤제1항부터 제3항까지에 따라 조성하는 산림욕장등에 설치하는 시설의 종류 및 기준 등에 관하여 필요한 사항은 대통령령으로 정한다. 〈개정 2010. 3. 17., 2016. 12. 27.〉

⑥ 산림청장 또는 시·도지사는 산림욕장등조성계획을 작성 또는 변경작성하거나 승인 또는 변경승인한 경우에는 농림축산식품부령으로 정하는 바에 따라 그 내용을 고시하여야 한다. 〈개정 2018. 2. 21.〉

⑦산림청장 또는 지방자치단체의 장은 산림욕장등조성계획에 따라 산림욕장등을 조성하는 자에게 그 사업비의 전부 또는 일부를 보조하거나 융자할 수 있다. 〈개정 2010. 3. 17., 2015. 1. 20., 2016. 12. 27.〉

[제목개정 2010. 3. 17.]

제20조의2(다른 법률에 따른 인·허가 등의 의제) ① 산림청장이 제14조제1항 또는 제20조제1항 및 제3항에 따라 자연휴양림조성계획 또는 산림욕장등조성계획을 작성 또는 변경작성하거나 시·도지사가 제14조제2항 또는 제20조제2항 및 제3항에 따라 자연휴양림조성계획 또는 산림욕장등조성계획을 승인 또는 변경승인한 경우에는 다음 각 호의 승인·허가·인가·신고·협의 등(이하 "인·허가등"이라 한다)을 받거나 한 것으로 보며, 제14조제5항 또는 제20조제6항에 따라 고시한 경우에는 다음 각 호의 법률에 따른 인·허가등의 고시 또는 공고가 있는 것으로 본다. 〈개정 2016. 12. 27., 2018. 2. 21., 2022. 12. 27.〉

1. 「건축법」 제11조에 따른 건축허가, 같은 법 제14조에 따른 건축신고, 같은 법 제16조에 따른 허가·신고사항의 변경, 같은 법 제20조에 따른 가설건축물의 허가·신고, 같은 법 제29조에 따른 건축 협의

2. 「하천법」 제33조에 따른 하천점용허가 또는 변경허가

3. 「수도법」 제17조 또는 제49조에 따른 수도사업의 인가 또는 변경인가, 같은 법 제52조에 따른 전용상수도의 설치 인가 또는 변경인가·변경신고

4. 「산림자원의 조성 및 관리에 관한 법률」 제36조제1항 및 제5항에 따른 입목벌채등의 허가·신고 또는 변경허가

5. 「도로법」 제36조에 따른 도로공사 시행의 허가, 같은 법 제61조에 따른 도로점용의 허가 또는 변경허가, 같은 법 제107조에 따른 도로관리청과의 협의 또는 승인

6. 「국토의 계획 및 이용에 관한 법률」 제30조에 따른 도시·군관리계획의 결정 또는 변경결정(같은 법 제2조제6호의 시설만 해당한다), 같은 법 제56조에 따른 개발행위의 허가 또는 변경허가, 같은 법 제86조에 따른 도시·군계획시설사업의 시행자의 지정, 같은 법 제88조에 따른 실시계획의 작성 및 인가 또는 변경인가, 「부동산 거래신고 등에 관한 법률」 제11조에 따른 토지거래계약에 관한 허가 또는 변경허가

7. 「산지관리법」 제14조에 따른 산지전용허가 또는 변경허가, 같은 법 제15조에 따른 산지전용신고 또는 변경신고, 같은 법 제15조의2에 따른 산지일시사용허가 또는 변경허가 및 산지일시사용신고 또는 변경신고

② 산림청장 또는 시·도지사는 제1항 각 호의 어느 하나에 해당하는 사항이 포함되어 있는 자연휴양림조성계획 또는 산림욕장등조성계획을 작성 또는 변경작성하거나 승인 또는 변경승인하려는 경우에는 관계 서류를 첨부하여 미리 관계 행정기관의 장과 협의하여야

한다. 〈개정 2018. 2. 21., 2023. 7. 25.〉

③ 제1항에 따라 다른 법률에 따른 인·허가등을 받은 것으로 보는 경우에는 관계 법률에 따라 부과되는 수수료 또는 사용료 등을 면제한다.

④ 제1항부터 제3항까지에서 규정한 사항 외에 인·허가등 의제의 기준 및 효과 등에 관하여는 「행정기본법」 제24조부터 제26조까지를 준용한다. 〈신설 2023. 7. 25.〉

[본조신설 2016. 5. 29.]

제21조(산림욕장등조성계획의 승인취소 등) ①시·도지사는 제20조제2항에 따라 산림욕장등조성계획의 승인(제20조제3항에 따른 승인을 포함한다)을 받은 자가 다음 각 호의 어느 하나에 해당하는 경우에는 그 승인을 취소할 수 있다. 다만, 제1호에 해당하는 경우에는 그 승인을 취소하여야 한다. 〈개정 2010. 3. 17., 2016. 12. 27., 2020. 2. 18., 2023. 6. 20.〉

1. 거짓이나 그 밖의 부정한 방법으로 승인을 받은 경우

2. 정당한 사유 없이 승인을 받은 날부터 1년 이내에 산림욕장등조성사업을 시작하지 아니하거나 1년 이상 사업을 중단한 경우

3. 정당한 사유 없이 승인을 받은 산림욕장등조성계획의 내용대로 사업을 이행하지 아니한 경우

4. 승인을 받은 자가 스스로 승인의 취소를 신청하는 경우

②시·도지사는 제1항의 규정에 따라 승인을 취소한 때에는 산림청장에게 통보하여야 한다.

③산림청장은 제2항의 규정에 따른 통보를 받은 때에는 제1항의

규정에 따라 승인이 취소된 자에 대하여 산림의 원상복구를 명하거나 제20조제7항의 규정에 따라 보조 또는 융자한 비용이 있는 경우에는 그 전부 또는 일부를 회수할 수 있다. 〈개정 2016. 12. 27.〉

④산림청장은 제3항의 규정에 따라 산림의 원상복구 명령을 받은 자가 이를 이행하지 아니한 때에는 「행정대집행법」을 준용하여 대집행할 수 있다. 이 경우 대집행에 소요되는 비용은 「산지관리법」 제38조의 규정에 따라 예치한 복구비로 충당할 수 있다.

[제목개정 2010. 3. 17.]

제21조의2(자연휴양림등의 타당성 평가) ① 산림청장 또는 시ㆍ도지사는 다음 각 호의 경우에 대상지의 경관ㆍ위치ㆍ면적 등이 대통령령으로 정하는 기준에 적합한 지에 대한 평가(이하 이 조에서 "타당성 평가"라 한다)를 하여야 한다. 자연휴양림 또는 산림욕장등(이하 "자연휴양림등"이라 한다)의 면적을 확대하는 경우에도 또한 같다. 〈개정 2019. 12. 3., 2020. 2. 18.〉

1. 제13조에 따라 자연휴양림을 지정하는 경우
2. 제20조제1항에 따라 산림욕장등을 조성하는 경우
3. 제20조제2항에 따라 산림욕장등조성계획을 승인하는 경우

② 산림청장 또는 시ㆍ도지사는 제1항에 따른 타당성 평가를 대통령령으로 정하는 기관 또는 단체에 위탁하여 실시할 수 있다.

③ 산림청장 또는 시ㆍ도지사는 제2항에 따라 기관 또는 단체에 타당성 평가를 위탁하여 실시하는 경우에는 예산의 범위에서 필요한 경비를 지원할 수 있다.

④ 타당성 평가의 절차ㆍ방법, 그 밖에 필요한 사항은 농림축산식

품부령으로 정한다.

[본조신설 2015. 1. 20.]

제21조의3(숲경영체험림의 조성) ① 임업을 실제 경영하는 자로서 산림면적 및 경력 등 대통령령으로 정하는 요건을 갖춘 자가 소유 또는 사용·수익할 수 있는 사유림(「산림자원의 조성 및 관리에 관한 법률」 제13조에 따른 산림경영계획이 인가된 산림에 한정한다)을 숲경영체험림으로 조성하려면 농림축산식품부령으로 정하는 바에 따라 숲경영체험림조성계획을 작성하여 시장·군수·구청장의 승인을 받아야 한다. 승인받은 숲경영체험림조성계획을 변경하려는 경우에도 또한 같다.

② 시장·군수·구청장은 제1항에 따라 숲경영체험림으로 조성하려는 산림에 둘러싸인 토지 중 숲경영체험림으로 조성할 필요가 있는 것으로서 대통령령으로 정하는 면적 이내의 토지를 숲경영체험림조성계획에 포함하여 승인할 수 있다. 이 경우 승인된 토지는 「산림자원의 조성 및 관리에 관한 법률」 제2조제1호에 따른 산림으로 본다.

③ 시장·군수·구청장은 제1항에 따라 숲경영체험림조성계획을 승인한 때에는 산림청장에게 통보하여야 한다.

④ 제1항 및 제2항에 따라 조성하는 숲경영체험림에 설치할 수 있는 시설의 종류 및 기준 등에 필요한 사항은 대통령령으로 정한다.

⑤ 시장·군수·구청장은 제1항에 따라 숲경영체험림조성계획을 승인 또는 변경승인한 경우에는 농림축산식품부령으로 정하는 바에

따라 그 내용을 고시하여야 한다.

⑥ 산림청장 또는 지방자치단체의 장은 숲경영체험림조성계획에 따라 숲경영체험림을 조성하는 자에게 그 사업비의 전부 또는 일부를 보조하거나 융자할 수 있다.

⑦ 제1항에 따라 승인을 받아 조성된 숲경영체험림에 포함된 산지는 임야 외의 지목으로 변경할 수 없다.

⑧ 숲경영체험림에 대하여는 제20조의2, 제21조, 제21조의2 및 제21조의5를 준용한다. 이 경우 "시ㆍ도지사"는 "시장ㆍ군수ㆍ구청장"으로, "산림욕장등조성계획"은 "숲경영체험림조성계획"으로, "산림욕장등" 또는 "자연휴양림등"은 "숲경영체험림"으로 본다.

[본조신설 2022. 6. 10.]

제21조의4 삭제 〈2015. 3. 27.〉

제21조의5(자연휴양림등의 입장료 등의 징수) ① 자연휴양림등의 소유자는 자연휴양림등을 이용하는 자로부터 입장료, 시설사용료 및 체험료를 징수할 수 있다. 〈개정 2018. 2. 21.〉

② 제1항에 따른 입장료, 시설사용료 및 체험료의 징수기준, 그 밖에 필요한 사항은 대통령령으로 정한다. 다만, 지방자치단체가 조성한 자연휴양림등의 경우에는 해당 지방자치단체의 조례로 정하는 바에 따른다. 〈개정 2018. 2. 21., 2024. 12. 20.〉

[본조신설 2015. 1. 20.]

[제목개정 2018. 2. 21.]

제21조의6(자연휴양림등에서의 금지행위) 누구든지 자연휴양림등에서 다음 각 호의 어느 하나에 해당하는 행위를 하여서는 아니 된다.

〈개정 2020. 2. 18.〉

1. 지정된 장소 외에서 취사행위 및 흡연행위

2. 오물이나 쓰레기를 버리는 행위

3. 그 밖에 자연휴양림등의 운영·관리에 현저한 지장을 주는 행위로서 대통령령으로 정하는 행위

[본조신설 2016. 5. 29.]

[제목개정 2020. 2. 18.]

第22조(자연휴양림등의 위탁) 산림청장 또는 지방자치단체의 장은 자연휴양림등의 효율적인 조성 또는 관리를 위하여 필요한 때에는 지방자치단체 또는 산림조합 등 대통령령으로 정하는 법인·단체 등에 자연휴양림등의 조성 또는 관리를 위탁할 수 있다. 〈개정 2010. 3. 17., 2020. 2. 18.〉

[제목개정 2020. 2. 18.]

제5장 숲길 등 〈개정 2011. 3. 9.〉

第22조의2(숲길의 종류) 숲길의 종류는 다음 각 호와 같다. 〈개정 2018. 2. 21.〉

1. 등산로: 산을 오르면서 심신을 단련하는 활동(이하 “등산”이라 한다)을 하는 길

2. 트레킹길: 길을 걸으면서 지역의 역사·문화를 체험하고 경관을 즐기며 건강을 증진하는 활동(이하 “트레킹”이라 한다)을 하는 다음 각 목의 길

가. 둘레길: 시점과 종점이 연결되도록 산의 둘레를 따라 조성

한 길

나. 트레일: 산줄기나 산자락을 따라 길게 조성하여 시점과 종점이 연결되지 않는 길

3. 산림레포츠길: 산림레포츠를 하는 길

4. 탐방로: 산림생태를 체험·학습 또는 관찰하는 활동(이하 "탐방"이라 한다)을 하는 길

5. 휴양·치유숲길: 산림에서 휴양·치유 등 건강증진이나 여가활동을 하는 길

[본조신설 2011. 3. 9.]

제22조의3(숲길기본계획의 수립 등) ① 산림청장은 등산·트레킹·산림레포츠·탐방 및 휴양·치유 등의 활동을 증진하기 위하여 제22조의2에 따른 숲길의 종류별로 전국 산림에 대한 숲길의 조성·관리기본계획(이하 "숲길기본계획"이라 한다)을 5년마다 수립·시행할 수 있다. 〈개정 2018. 2. 21.〉

② 숲길기본계획에는 다음 각 호의 사항이 포함되어야 한다. 〈개정 2023. 10. 31.〉

1. 숲길 시책의 기본목표 및 추진방향
2. 숲길에 관한 수요와 여건 및 전망
3. 숲길 조성 추진체계 및 관리기반 구축에 관한 사항
4. 숲길 정보망의 구축·운영에 관한 사항
5. 숲길 조성을 통한 지역의 소비 증대, 지역 산업과의 연계, 지역 일자리 창출 등 지역경제 활성화에 관한 사항
6. 그 밖에 숲길과 관련된 주요 시책에 관한 사항

③ 산림청장은 숲길기본계획의 시행성과 및 사회적·지역적·산림환경적 여건변화 등을 고려하여 필요하다고 인정하면 숲길기본계획을 변경할 수 있다.

④ 산림청장은 제1항 및 제3항에 따라 숲길기본계획을 수립하거나 변경하는 경우에는 「산림복지 진흥에 관한 법률」 제5조에 따른 산림복지진흥계획과 연계되도록 하여야 한다. 〈신설 2018. 2. 21.〉

⑤ 지방산림청장과 지방자치단체의 장(이하 "숲길관리청"이라 한다)은 숲길기본계획이 수립된 경우 관할 산림(「자연공원법」에 따른 자연공원은 제외한다. 이하 이 조에서 같다)에 대하여 숲길기본계획에 따라 매년 숲길의 조성·관리 연차별계획(이하 "숲길연차별계획"이라 한다)을 수립하여야 한다. 〈개정 2018. 2. 21., 2020. 2. 18.〉

⑥ 산림청장 및 숲길관리청은 숲길기본계획 및 숲길연차별계획을 수립하거나 이를 변경하기 위한 기초 자료로 사용하기 위하여 숲길의 예정노선 및 그 주변 산림의 현황과 이미 조성한 숲길의 운영·관리 실태를 조사하여야 한다. 〈개정 2018. 2. 21.〉

⑦ 산림청장 및 숲길관리청은 제6항에 따른 조사업무를 「산림조합법」에 따른 산림조합 등 대통령령으로 정하는 법인·단체에 위탁할 수 있다. 〈개정 2018. 2. 21.〉

⑧ 숲길기본계획과 숲길연차별계획의 수립·변경 및 제6항에 따른 조사에 필요한 사항은 농림축산식품부령으로 정한다. 〈개정 2013. 3. 23., 2018. 2. 21.〉

[본조신설 2011. 3. 9.]

제23조(숲길의 조성 등) ① 숲길관리청이 숲길을 조성하려면 숲길연차별계획에 따라 해당 숲길의 노선이 포함된 숲길조성계획을 수립하여 노선선정·조성계획의 적절성, 생태계와 지역사회에 미치는 영향 등에 관하여 대통령령으로 정하는 기준에 따라 그 타당성을 평가하고, 이해관계인(토지소유자를 포함한다)의 의견을 수렴하여야 한다. 이 경우 숲길관리청은 효율적인 타당성 평가를 위하여 필요한 경우에는 대통령령으로 정하는 법인·단체에 타당성 평가를 위탁할 수 있다. 〈개정 2019. 12. 3.〉

② 숲길관리청은 제1항에 따른 타당성 평가 및 의견 수렴 결과 숲길의 조성이 타당하다고 인정되면 숲길의 명칭을 부여하고 그 노선을 지정하여 고시하여야 한다. 지정된 노선의 변경, 지정의 해제를 하는 경우에도 고시하여야 한다. 〈개정 2019. 12. 3.〉

③ 제2항에 따라 숲길의 노선이 지정·고시되면 「산지관리법」 제15조의2에 따른 산지일시사용신고를 하거나 「산림자원의 조성 및 관리에 관한 법률」 제36조에 따른 입목벌채등의 허가를 받은 것으로 본다.

④ 제1항 및 제2항에 따른 숲길조성계획의 수립, 타당성 평가의 절차, 숲길 명칭의 부여, 숲길 노선의 지정·변경·지정해제 및 그 고시, 그 밖에 필요한 사항은 농림축산식품부령으로 정한다. 〈개정 2013. 3. 23., 2019. 12. 3.〉

[전문개정 2011. 3. 9.]

제23조의2(숲길의 운영·관리) 숲길관리청은 제23조에 따라 조성된 숲길을 보전하고 이용 및 안전·편의가 증진되도록 대통령령으로 정

하는 바에 따라 운영·관리하여야 한다. 이 경우 장애인·노인·임산부 등의 접근성을 고려하여 조성된 숲길에는 안전하고 편안하게 해당 숲길을 이용할 수 있는 시설을 포함하여야 한다. 〈개정 2022. 6. 10.〉

[본조신설 2011. 3. 9.]

제23조의3(국가숲길의 지정) ① 산림청장은 제23조에 따라 조성된 숲길 중 산림생태적 가치나 역사·문화적 가치가 높아 체계적인 운영·관리가 필요한 숲길을 국가숲길로 지정하여 고시할 수 있다. 이 경우 지방자치단체의 장이 관리하는 숲길을 국가숲길로 지정하려는 경우에는 해당 지방자치단체의 장과 사전에 협의하여야 한다.

② 제1항에 따른 국가숲길의 지정기준 및 지정절차에 관하여 필요한 사항은 대통령령으로 정한다.

[본조신설 2019. 12. 3.]

[종전 제23조의3은 제23조의4로 이동 〈2019. 12. 3.〉]

제23조의4(국가숲길의 운영·관리 등) ① 산림청장은 제23조의3제1항에 따라 지정된 국가숲길을 이용자의 안전과 편의가 증진되도록 대통령령으로 정하는 바에 따라 운영·관리하여야 한다.

② 산림청장은 국가숲길의 효율적인 운영·관리를 위하여 필요한 경우에는 제27조의2제1항에 따라 설립된 한국등산·트레킹지원센터 또는 농림축산식품부령으로 정하는 전문인력과 시설을 갖춘 기관에 국가숲길의 운영·관리에 관한 업무를 위탁할 수 있다. 이 경우 위탁업무의 범위 등에 관하여 필요한 사항은 대통령령으로 정한다.

③ 산림청장은 제2항에 따라 국가숲길의 운영·관리에 관한 업무

를 위탁한 경우에는 그 운영·관리에 필요한 경비의 전부 또는 일부를 예산의 범위에서 지원할 수 있다.

[본조신설 2023. 10. 31.]

[종전 제23조의4는 제23조의5로 이동 〈2023. 10. 31.〉]

제23조의5(숲길 주변에서의 금지행위) 누구든지 숲길 또는 주변의 토지에서 다음 각 호의 어느 하나에 해당하는 행위를 하여서는 아니 된다.

1. 숲길을 훼손하는 행위

2. 다른 사람 소유의 건조물·농작물이나 그 밖의 재물을 손괴하는 행위

3. 오물이나 쓰레기를 버리는 행위

4. 숲길관리청에서 설치한 표지를 옮기거나 더럽히거나 망가뜨리는 행위

[본조신설 2011. 3. 9.]

[제23조의4에서 이동 〈2023. 10. 31.〉]

제24조(숲길의 조성 등에 대한 지원) 산림청장은 지방자치단체의 숲길의 조성 및 운영·관리 등에 필요한 경비를 지원할 수 있다. 이 경우 다음 각 호의 어느 하나에 해당하는 숲길에 대하여는 경비를 우선적으로 지원할 수 있다. 〈개정 2011. 3. 9., 2013. 3. 23., 2018. 2. 21.〉

1. 산의 정상 지점들을 연결하는 능선부의 주요 등산로

2. 농림축산식품부령으로 정하는 주요 산의 둘레길

3. 역사·문화 유적지와 연계되거나 역사적·문화적으로 보전·관

리할 필요가 있는 트레일·탐방로 또는 옛길

4. 전국 또는 국제 규모의 산림레포츠 대회를 개최하기 위하여 필요한 산림레포츠길

[제목개정 2011. 3. 9.]

第25조(숲길의 휴식기간제 등) ①숲길관리청은 숲길의 보호와 숲길 이용자의 안전 등을 위하여 숲길의 전부 또는 일부를 지정하여 일정 기간동안 일반인의 출입을 제한하거나 금지하는 휴식년제 또는 휴식기간제를 실시할 수 있다. 〈개정 2011. 3. 9.〉

②숲길관리청은 제1항에 따라 숲길의 휴식년제 또는 휴식기간제를 실시하고자 하는 때에는 해당 숲길의 위치·면적·출입의 제한 또는 금지기간 그 밖에 농림축산식품부령으로 정하는 사항을 고시하여야 한다. 〈개정 2008. 2. 29., 2011. 3. 9., 2013. 3. 23.〉

③ 숲길관리청은 제1항에 따른 휴식년제 또는 휴식기간제를 실시하는 경우 재해 또는 안전 등에 관련된 특별한 사유가 없으면 시행 1년 전에 이를 인터넷 홈페이지 등을 통하여 알려야 한다. 〈신설 2020. 2. 18.〉

④제1항에 따라 휴식년제 또는 휴식기간제를 실시하는 숲길에 출입하고자 하는 자는 숲길관리청의 허가를 받아야 한다. 다만, 산림사업의 시행, 산불진화 그 밖에 농림축산식품부령으로 정하는 사유가 있는 경우에는 허가 없이 출입할 수 있다. 〈개정 2008. 2. 29., 2011. 3. 9., 2013. 3. 23., 2020. 2. 18.〉

[제목개정 2011. 3. 9.]

第25조의2(숲길 예약탐방제) ① 산림청장 또는 숲길관리청은 숲길의

보호와 산림생태계의 훼손을 방지하기 위하여 필요한 경우에는 이용 날짜, 이용 경로 등을 예약하여 숲길을 탐방할 수 있도록 하는 예약탐방제를 실시할 수 있다.

② 산림청장 또는 숲길관리청은 제1항에 따라 예약탐방제를 실시하려는 경우에는 해당 숲길의 위치·면적 등 농림축산식품부령으로 정하는 사항을 고시하여야 한다.

[본조신설 2019. 12. 3.]

제25조의3(숲길에 차마의 진입 제한) ① 숲길관리청은 숲길 이용자의 안전과 숲길의 보호를 위하여 숲길의 전부 또는 일부를 지정하여 「도로교통법」 제2조제17호에 따른 차마(이하 "차마"라 한다)의 진입을 금지할 수 있다.

② 숲길관리청은 숲길 이용자의 안전 또는 숲길 보호의 필요성이 없는 경우로서 대통령령으로 정하는 사유가 발생한 때에는 제1항에 따른 지정을 해제할 수 있다.

③ 숲길관리청은 제1항에 따라 숲길에 차마의 진입을 금지하고자 하는 때에는 해당 숲길의 위치·구간·거리·금지기간, 그 밖에 농림축산식품부령으로 정하는 사항을 고시하여야 한다.

④ 제1항에 따라 차마의 진입을 금지하는 숲길에 진입하고자 하는 차마의 운전자는 농림축산식품부령으로 정하는 바에 따라 숲길관리청의 허가를 받아야 한다.

[본조신설 2020. 6. 9.]

제26조(숲길 등의 협의매수) 숲길관리청은 숲길을 보전하기 위하여 필요한 경우에는 숲길 또는 그 주변지역의 토지와 입목 등을 그 소

유자와 협의하여 매수할 수 있다. 이 경우 매수가격은 「공익사업을 위한 토지 등의 취득 및 보상에 관한 법률」의 규정에 의하여 산정한 가액으로 한다. 〈개정 2011. 3. 9.〉

[제목개정 2011. 3. 9.]

제27조(등산·트레킹교육의 실시 등) ①산림청장 또는 시·도지사는 건전한 등산·트레킹문화의 정립 및 확산을 위하여 등산·트레킹교육을 실시하는 등산·트레킹학교를 개설하여 운영할 수 있다. 〈개정 2011. 3. 9., 2014. 6. 3.〉

②산림청장 또는 시·도지사는 등산·트레킹학교 운영을 제27조의2에 따라 설립된 한국등산·트레킹지원센터 또는 등산·트레킹교육·훈련 등을 목적으로 설립된 비영리 법인으로서 농림축산식품부령으로 정하는 자에게 위탁할 수 있다. 〈개정 2007. 12. 21., 2008. 2. 29., 2011. 3. 9., 2013. 3. 23., 2014. 6. 3.〉

③산림청장 또는 시·도지사는 등산·트레킹학교를 운영하는 자에게 그 사업비의 전부 또는 일부를 보조할 수 있다. 〈개정 2011. 3. 9., 2014. 6. 3.〉

④ 산림청장 또는 시·도지사는 등산·트레킹학교를 이용하는 자로부터 시설사용료 및 체험료 등을 징수할 수 있다. 〈신설 2018. 2. 21.〉

⑤ 제4항에 따른 시설사용료 및 체험료 등의 징수기준과 그 밖에 필요한 사항은 대통령령으로 정한다. 다만, 시·도지사가 개설하는 등산·트레킹학교의 경우에는 해당 지방자치단체의 조례로 정한다. 〈신설 2018. 2. 21.〉

[제목개정 2011. 3. 9.]

제27조의2(한국등산ㆍ트레킹지원센터) ① 산림청장은 건전한 등산ㆍ트레킹문화의 확산과 국민의 등산ㆍ트레킹 활동을 지원하기 위하여 한국등산ㆍ트레킹지원센터(이하 "센터"라 한다)를 설치ㆍ운영할 수 있다. 〈개정 2011. 3. 9.〉

② 센터는 다음 각 호의 사업을 수행한다. 〈개정 2011. 3. 9., 2013. 3. 23.〉

1. 등산ㆍ트레킹교육 및 국제협력 사업

2. 전문산악인 양성 및 지원 사업

3. 등산ㆍ트레킹학교 간의 협력체계 및 정보네트워크 구축ㆍ운영 사업

4. 숲길 및 그 안내시설 등 등산ㆍ트레킹 관련 시설의 조성ㆍ정비 또는 운영ㆍ관리 사업

5. 등산ㆍ트레킹기술의 개발 및 등산ㆍ트레킹시설의 표준화 사업

6. 조난 등산객의 구조 기술개발 및 교육ㆍ훈련 사업

7. 건전한 등산ㆍ트레킹문화의 확산과 발전을 위한 조사ㆍ연구 및 홍보 사업

8. 등산ㆍ트레킹과 관련하여 국가 또는 지방자치단체가 위탁하는 사업

9. 등산ㆍ트레킹 관련 정보의 수집ㆍ공유 및 활용 촉진, 그 밖에 건전한 등산ㆍ트레킹문화의 확산에 필요한 사업으로서 농림축산식품부령으로 정하는 사업

③ 센터는 법인으로 한다.

④ 센터의 설치 및 운영, 센터에 위탁하는 사업의 범위 등에 관하여 필요한 사항은 대통령령으로 정한다. 〈개정 2011. 3. 9.〉

⑤ 국가 또는 지방자치단체는 센터의 설치 및 운영에 필요한 경비의 전부 또는 일부를 보조할 수 있다.

[본조신설 2007. 12. 21.]

[제목개정 2011. 3. 9.]

第28조(산악구조대의 운영) ①숲길관리청은 등산인 등 숲길 이용자의 조난·실종 및 추락 등의 사고에 대비하고 예방하기 위하여 대통령령으로 정하는 바에 따라 산악구조대를 편성하여 운영할 수 있다. 〈개정 2011. 3. 9., 2015. 1. 20.〉

② 숲길관리청은 산악구조대가 제1항에 따른 업무를 수행하는 경우에는 예산의 범위에서 수당·구조물품 등을 지원할 수 있다. 〈개정 2015. 1. 20.〉

③ 제1항에 따라 편성된 산악구조대원은 업무를 효율적으로 수행하기 위하여 대통령령으로 정하는 바에 따라 교육·훈련을 받아야 한다. 이 경우 숲길관리청은 예산의 범위에서 교육·훈련에 필요한 경비를 지원할 수 있다. 〈신설 2015. 1. 20.〉

제6장 산림문화의 진흥 〈개정 2023. 6. 20.〉

第28조의2(산림문화의 확산) ① 국가와 지방자치단체는 산림문화와 관련된 자산과 자료를 발굴·수집·기록·보전하고, 이를 학술대회, 세미나, 전시, 번역·출판, 콘텐츠 또는 프로그램의 개발·운영, 정보화 등의 방법으로 국민이 쉽게 이용할 수 있도록 하여야 한다.

② 국가와 지방자치단체는 제1항에 따른 산림문화 확산에 필요한 지원을 할 수 있다.

[본조신설 2023. 6. 20.]

제28조의3(전문인력의 양성·활용 등) ① 국가와 지방자치단체는 산림문화의 진흥을 위하여 산림문화적 소양과 경험이 풍부한 사람을 연구와 교육, 사회적 확산 등에 필요한 전문인력으로 양성하고 적극 활용하여야 한다.

② 국가와 지방자치단체는 제1항에 따른 전문인력의 발굴·육성 및 활용에 필요한 시책을 마련하여 추진하여야 하고, 필요한 경우 이에 대한 지원을 할 수 있다.

[본조신설 2023. 6. 20.]

제28조의4(국내외 교류협력) 국가와 지방자치단체는 산림문화 활성화를 위하여 국내외 관련 기관 또는 국제기구 등과의 공동연구, 학술 및 문화 교류 등의 협력활동을 촉진하고 장려하여야 하며, 이에 필요한 지원을 할 수 있다.

[본조신설 2023. 6. 20.]

제28조의5(산림문화진흥 전문기관의 지정 등) ① 산림청장은 산림문화의 진흥과 관련된 시책의 체계적인 추진을 위하여 대통령령으로 정하는 바에 따라 산림문화진흥 전문기관(이하 "전문기관"이라 한다)을 지정할 수 있다.

② 전문기관은 다음 각 호의 업무를 수행한다.

1. 산림문화 관련 자료의 발굴·수집·기록·보전에 관한 업무

2. 산림문화 관련 콘텐츠 또는 프로그램의 개발·운영에 관한 업무

3. 산림문화 관련 전문인력 양성에 관한 업무

4. 산림문화 관련 국내외 교류협력에 관한 업무

5. 그 밖에 산림문화의 진흥을 위하여 농림축산식품부령으로 정하는 업무

③ 산림청장은 전문기관에 대하여 업무 수행에 필요한 비용을 지원할 수 있다.

④ 산림청장은 전문기관이 다음 각 호의 어느 하나에 해당하는 경우에는 그 지정을 취소하거나 6개월 이내의 기간을 정하여 그 업무의 전부 또는 일부의 정지를 명할 수 있다. 다만, 제1호에 해당하는 때에는 지정을 취소하여야 한다.

1. 거짓이나 그 밖의 부정한 방법으로 지정을 받은 경우

2. 전문기관의 지정요건에 적합하지 아니하게 된 경우

3. 정당한 사유 없이 1년 이상 전문기관의 업무를 수행하지 아니한 경우

4. 그 밖에 전문기관으로서의 업무를 수행하는 것이 현저히 부당하게 된 경우

⑤ 전문기관의 지정 취소 절차, 그 밖의 운영 등에 필요한 사항은 대통령령으로 정한다.

[본조신설 2023. 6. 20.]

제29조(산림문화자산의 지정 및 지정해제) ① 산림청장 또는 시·도지사는 산림문화자산을 대통령령으로 정하는 기준·방법 등에 따라 국가 또는 시·도 산림문화자산으로 지정할 수 있다. 다만, 「문화유산의 보존 및 활용에 관한 법률」에 따른 지정문화유산·임시지정문

화유산·보호물 또는 보호구역, 「근현대문화유산의 보존 및 활용에 관한 법률」에 따른 등록문화유산과 「자연유산의 보존 및 활용에 관한 법률」에 따른 천연기념물등·임시지정천연기념물·임시지정명승·임시지정시·도자연유산·임시자연유산자료·보호물 또는 보호구역은 제외한다. 〈개정 2019. 11. 26., 2023. 3. 21., 2023. 8. 8., 2023. 9. 14., 2024. 2. 6.〉

② 제1항에 따라 산림문화자산을 지정하려면 대통령령으로 정하는 바에 따라 이를 공고하고 해당 소유자 및 이해관계자 등의 의견을 들어야 한다.

③ 산림청장 또는 시·도지사는 제1항에 따라 지정된 국가 또는 시·도 산림문화자산(이하 "지정산림문화자산"이라 한다)이 다음 각 호의 어느 하나에 해당하게 된 경우에는 해당 지정산림문화자산의 전부 또는 일부에 대하여 그 지정을 해제할 수 있다. 다만, 제1호의 경우에는 그 지정을 해제하여야 한다. 〈개정 2023. 3. 21., 2023. 8. 8., 2023. 9. 14., 2024. 2. 6.〉

1. 「문화유산의 보존 및 활용에 관한 법률」에 따른 지정문화유산·보호물 또는 보호구역으로 지정되거나 「근현대문화유산의 보존 및 활용에 관한 법률」에 따른 등록문화유산으로 등록되거나 「자연유산의 보존 및 활용에 관한 법률」에 따른 천연기념물등·보호물 또는 보호구역으로 지정된 경우

2. 천재지변이나 그 밖의 사유로 지정 목적을 달성하기 어렵게 되거나 지정가치를 상실한 경우

3. 도로·철도·학교·군사시설이나 그 밖에 대통령령으로 정하는

공용·공공용 시설의 용지로 사용하려는 경우

4. 그 밖에 공익목적으로 사용하기 위하여 그 지정의 해제가 불가피하다고 인정되는 경우

④ 산림청장 또는 시·도지사는 제1항 및 제3항에 따른 지정·지정해제를 한 경우 농림축산식품부령으로 정하는 바에 따라 그 사실을 고시하고, 그 소유자 및 관할 시장·군수·구청장에게 알려야 한다. 〈개정 2013. 3. 23.〉

⑤ 산림문화자산의 지정·지정해제의 절차 등에 필요한 사항은 농림축산식품부령으로 정한다. 〈개정 2013. 3. 23.〉

[전문개정 2010. 3. 17.]

제30조(지정산림문화자산의 관리 등) ① 산림청장 또는 시·도지사는 지정산림문화자산을 그 지정 목적대로 보호·관리하여야 하며, 필요하다고 인정하는 경우에는 관리인을 지정하여 보호·관리하게 할 수 있다.

② 산림청장 또는 시·도지사는 지정산림문화자산의 소유자·관리인에 대하여 그 보호·관리에 필요한 사항을 명할 수 있으며, 보호·관리에 필요한 비용을 대통령령으로 정하는 바에 따라 지원할 수 있다.

③ 산림청장은 지방자치단체에 지정산림문화자산의 보호·관리에 필요한 비용을 지원할 수 있다.

④ 산림청장 또는 시·도지사는 지정산림문화자산의 보호·관리 실태에 대한 점검을 실시하여야 한다. 다만, 개인 또는 법인이 소유하는 산림문화자산에 대하여 실태점검을 하는 공무원은 권한을 표시

하는 증표를 지니고 이를 관계인에게 내보여야 한다. 〈신설 2020. 2. 18.〉

⑤ 제4항의 실태점검의 내용·방법 및 점검사항 조치결과 통지 등에 필요한 사항은 대통령령으로 정한다. 〈신설 2020. 2. 18.〉

[전문개정 2010. 3. 17.]

제31조(토지 등의 매수) ① 산림청장 또는 시·도지사는 지정산림문화자산의 지정 목적을 달성하기 위하여 필요한 경우에는 소유자와 협의하여 지정산림문화자산이나 지정산림문화자산이 위치한 토지(입목·죽을 포함한다. 이하 같다) 또는 지정산림문화자산의 유지·관리에 필요한 토지를 매수·교환할 수 있다.

② 산림청장 또는 시·도지사는 제1항에 따라 매수한 지정산림문화자산 중 보존가치가 높고 이동이 가능한 지정산림문화자산을 대통령령으로 정하는 시설에 보관하여 관리할 수 있다.

③ 제1항에 따른 매수·교환을 하려는 경우 그 매수·교환 가격은 「공익사업을 위한 토지 등의 취득 및 보상에 관한 법률」에 따라 산정된 가격으로 한다.

④ 제1항에 따른 매수·교환의 절차와 그 밖에 필요한 사항은 「국유재산법」, 「국유림의 경영 및 관리에 관한 법률」 또는 「공유재산 및 물품 관리법」을 준용한다.

[전문개정 2010. 3. 17.]

제7장 보칙 〈개정 2010. 3. 17.〉

제31조의2(수수료) 다음 각 호의 어느 하나에 해당하는 사람은 농림

축산식품부령으로 정하는 바에 따라 수수료를 내야 한다.

1. 제11조의2제2항에 따라 산림치유지도사 자격증을 발급받으려는 사람

2. 제12조제2항에 따라 산림레포츠지도사 자격증을 발급받으려는 사람

[본조신설 2019. 12. 3.]

제32조(권리의무 등의 승계) 이 법 또는 이 법에 따른 명령에 따라 자연휴양림, 산림욕장 등의 소유자에게 한 처분은 그 승계인에게도 효력이 있다.

[전문개정 2010. 3. 17.]

제32조의2(보고ㆍ검사) ① 산림청장은 전문기관에 대하여 그 업무에 관한 보고 또는 자료 제출을 명하거나 소속 공무원에게 현장출입 또는 서류검사를 하게 할 수 있다.

② 제1항에 따라 출입ㆍ검사를 하는 공무원은 그 권한을 표시하는 증표를 지니고 이를 관계인에게 보여 주어야 한다.

[본조신설 2023. 6. 20.]

제33조(청문) 산림청장, 시ㆍ도지사 또는 시장ㆍ군수ㆍ구청장은 다음 각 호의 어느 하나에 해당하는 경우에는 청문을 실시하여야 한다. 〈개정 2011. 3. 9., 2011. 7. 25., 2014. 6. 3., 2015. 1. 20., 2015. 3. 27., 2019. 12. 3., 2020. 2. 18., 2022. 6. 10., 2023. 6. 20.〉

1. 제11조의4제4항에 따라 양성기관 지정을 취소하려는 경우

1의2. 제11조의5에 따라 산림치유지도사의 자격을 취소하거나 정

지하려는 경우

2. 제16조제1항에 따른 자연휴양림조성계획의 승인 취소

3. 제21조제1항에 따른 산림욕장등조성계획의 승인 취소

4. 제21조의3제8항에 따라 준용되는 제21조제1항에 따른 숲경영체험림조성계획의 승인 취소

5. 제28조의5제4항에 따른 전문기관의 지정 취소 또는 업무 정지

[본조신설 2010. 3. 17.]

제34조(권한의 위임) 이 법에 따른 산림청장 또는 시·도지사의 권한은 대통령령으로 정하는 바에 따라 그 일부를 그 소속 기관의 장, 시·도지사 또는 시장·군수·구청장에게 위임할 수 있다.

[본조신설 2010. 3. 17.]

제34조의2 삭제 〈2015. 3. 27.〉

제34조의3(벌칙 적용에서 공무원 의제) 다음 각 호의 어느 하나에 해당하는 사람은 「형법」 제129조부터 제132조까지를 적용할 때에는 공무원으로 본다.

1. 제11조의2제8항에 따라 위탁받은 업무에 종사하는 전문기관 또는 단체의 임직원

2. 제23조의4제2항에 따라 위탁받은 업무에 종사하는 센터 또는 기관의 임직원

[전문개정 2023. 10. 31.]

제8장 벌칙 〈신설 2010. 3. 17.〉

제35조(벌칙) ① 지정산림문화자산에 불을 놓아 태워 없앤 자는 7년

이상 15년 이하의 징역에 처한다. 〈개정 2016. 12. 27., 2020. 2. 18.〉

② 지정산림문화자산을 절취한 자는 1년 이상 10년 이하의 징역에 처한다.

③ 지정산림문화자산을 손상, 은닉하거나 그 밖의 방법으로 그 가치를 해한 자는 5년 이하의 징역 또는 5천만원 이하의 벌금에 처한다. 〈개정 2016. 12. 27.〉

④ 다음 각 호의 어느 하나에 해당하는 자는 3년 이하의 징역 또는 3천만원 이하의 벌금에 처한다. 〈신설 2016. 12. 27., 2019. 12. 3., 2023. 10. 31.〉

1. 과실로 인하여 지정산림문화자산을 불에 타게 한 자

2. 제23조의5제1호 또는 제2호를 위반하여 숲길을 훼손하거나 다른 사람 소유의 건조물·농작물, 그 밖의 재물을 손괴한 자

⑤ 다음 각 호의 어느 하나에 해당하는 자는 1년 이하의 징역 또는 1천만원 이하의 벌금에 처한다. 〈개정 2015. 1. 20., 2015. 3. 27., 2016. 12. 27., 2019. 12. 3., 2020. 2. 18.〉

1. 정당한 사유 없이 지정산림문화자산에 대한 보호·관리 시설의 설치를 방해하거나 재해·병해충 방지 등을 위한 관리행위를 방해한 자

2. 지정산림문화자산을 보호하기 위하여 설치한 표지 등을 손상, 이동, 제거, 그 밖의 방법으로 식별할 수 없게 한 자

3. 거짓이나 그 밖의 부정한 방법으로 제11조의2제1항에 따라 산림치유지도사의 자격을 취득한 사람

4. 제11조의2제6항을 위반하여 다른 사람에게 산림치유지도사의 명의를 사용하게 하거나 그 자격증을 대여한 사람

5. 제11조의2제7항을 위반하여 산림치유지도사의 명의를 사용하거나 그 자격증을 대여받은 사람 또는 명의의 사용이나 자격증의 대여를 알선한 사람

6. 거짓이나 그 밖의 부정한 방법으로 제11조의4제1항에 따라 양성기관으로 지정받은 자

⑥ 제1항부터 제3항까지의 미수범은 처벌한다. 〈개정 2014. 6. 3.〉

[본조신설 2010. 3. 17.]

제36조 삭제 〈2016. 12. 27.〉

제36조의2 삭제 〈2016. 12. 27.〉

제36조의3 삭제 〈2019. 12. 3.〉

제37조(양벌규정) 법인의 대표자나 법인 또는 개인의 대리인, 사용인, 그 밖의 종업원이 그 법인 또는 개인의 업무에 관하여 제35조제3항 또는 제5항제1호·제2호의 위반행위를 하면 그 행위자를 벌하는 외에 그 법인 또는 개인에게도 해당 조문의 벌금형을 과(科)한다. 다만, 법인 또는 개인이 그 위반행위를 방지하기 위하여 해당 업무에 관하여 상당한 주의와 감독을 게을리하지 아니한 경우에는 그러하지 아니하다. 〈개정 2016. 12. 27.〉

[본조신설 2010. 3. 17.]

제38조(과태료) ① 다음 각 호의 어느 하나에 해당하는 사람에게는 300만원 이하의 과태료를 부과한다. 〈신설 2019. 12. 3.〉

1. 제11조의2제5항을 위반하여 자격을 부여받지 아니하고 산림치

유지도사 명칭 또는 유사한 명칭을 사용한 사람

2. 제12조제4항을 위반하여 자격을 부여받지 아니하고 산림레포츠지도사 명칭 또는 유사한 명칭을 사용한 사람

② 정당한 사유 없이 제32조의2에 따른 보고 또는 자료 제출을 하지 아니하거나 거짓으로 한 자 또는 검사를 방해·거부한 자에게는 100만원 이하의 과태료를 부과한다. 〈신설 2023. 6. 20.〉

③ 제21조의6제1호를 위반하여 지정된 장소 외에서 취사행위 및 흡연행위를 한 자에게는 50만원 이하의 과태료를 부과한다. 〈개정 2016. 5. 29., 2023. 6. 20.〉

④ 다음 각 호의 어느 하나에 해당하는 자에게는 20만원 이하의 과태료를 부과한다. 〈개정 2011. 3. 9., 2016. 5. 29., 2019. 12. 3., 2020. 2. 18., 2020. 6. 9., 2023. 6. 20., 2023. 10. 31.〉

1. 삭제 〈2011. 7. 25.〉

2. 제18조제5항을 위반하여 허가를 받지 아니하고 휴식년제를 실시하는 자연휴양림에 출입한 자

3. 제21조의6제2호·제3호 및 제23조의5제3호를 위반하여 금지된 행위를 한 자

4. 제23조의5제4호를 위반하여 숲길관리청에서 설치한 표지를 옮기거나 더럽히거나 망가뜨린 자

5. 제25조제4항을 위반하여 허가를 받지 아니하고 휴식년제 또는 휴식기간제를 실시하는 숲길에 출입한 자

6. 제25조의3제4항을 위반하여 숲길로 진입한 차마의 운전자

⑤ 제1항부터 제4항까지의 규정에 따른 과태료는 대통령령으로

정하는 바에 따라 산림청장, 시·도지사 또는 시장·군수·구청장이 부과·징수한다. 〈신설 2016. 5. 29., 2019. 12. 3., 2023. 6. 20.〉

[본조신설 2010. 3. 17.]

부칙 〈제7676호, 2005. 8. 4.〉

제1조 (시행일) 이 법은 공포 후 1년이 경과한 날부터 시행한다.

제2조 (자연휴양림시설의 타당성평가에 관한 적용례) 제15조의 규정에 의한 타당성평가는 이 법 시행 후 최초로 휴양시설을 설치하고자 하는 자부터 적용한다.

제3조 (자연휴양림의 지정 등에 관한 경과조치) ①이 법 시행 당시 종전의 「산림법」 제31조의 규정에 의하여 산림청장 또는 시·도지사로부터 자연휴양림의 지정을 받은 산림 또는 자연휴양림조성계획의 승인을 얻은 자는 이 법에 의하여 자연휴양림의 지정을 받은 산림 또는 자연휴양림조성계획의 승인(변경승인을 포함한다)을 얻은 자로 본다.

②이 법 시행당시 종전의 「산림법」 제32조의 규정에 의하여 산림청장, 시·도지사 또는 시장·군수·구청장이 자연휴양림의 조성을 위한 공사 또는 관리·운영을 위탁한 것은 이 법에 의하여 조성 또는 관리를 위탁한 것으로 본다.

제4조 (산림욕장조성계획에 관한 경과조치) 이 법 시행 당시 조성이 완료되었거나 조성 중인 산림욕장은 제20조제2항의 규정에 불구하고 종전의 「산림법」의 규정에 의한다.

제5조 (다른 법률의 개정) ①임업및산촌진흥촉진에관한법률 일부를 다음과 같이 개정한다.

제2조제1호중 "영임업(산림법 및 수목원조성및진흥에관한법률의 규정에 의한 자연휴양림 및 수목원의 조성 또는 관리 · 운영을 포함한다)"을 "영림업(「산림문화 · 휴양에 관한 법률」 및 「수목원조성 및 진흥에 관한 법률」의 규정에 의한 자연휴양림 및 수목원의 조성 또는 관리 · 운영을 포함한다)"으로 한다.

②야생동 · 식물보호법 일부를 다음과 같이 개정한다.

제54조제9호중 "산림법 제31조"를 "「산림문화 · 휴양에 관한 법률」 제13조"로 한다.

③사회기반시설에대한민간투자법 일부를 다음과 같이 개정한다.

제2조제1호 두목중 "산림법 제31조"를 "「산림문화 · 휴양에 관한 법률」 제13조"로 한다.

제6조 (다른 법령과의 관계) 이 법 시행 당시 다른 법령에서 종전의 「산림법」 및 그 규정을 인용하고 있는 경우에 이 법 중 그에 해당하는 규정이 있는 때에는 종전의 규정에 갈음하여 이 법 또는 이 법의 해당규정을 인용한 것으로 본다.

부칙 〈제8752호, 2007. 12. 21.〉

이 법은 공포 후 6개월이 경과한 날부터 시행한다.

부칙 〈제8852호, 2008. 2. 29.〉 (정부조직법)

제1조 (시행일) 이 법은 공포한 날부터 시행한다. 다만, · · ·〈생

략〉 · · · , 부칙 제6조에 따라 개정되는 법률 중 이 법의 시행 전에 공포되었으나 시행일이 도래하지 아니한 법률을 개정한 부분은 각각 해당 법률의 시행일부터 시행한다.

제2조 부터 제5조까지 생략

제6조 (다른 법률의 개정) ① 부터 〈307〉 까지 생략

〈308〉 산림문화 · 휴양에 관한 법률 일부를 다음과 같이 개정한다.

제7조제3항 · 제4항 · 제7항, 제8조제3항, 제13조제2항, 제14조제1항 전단, 제17조제2항, 제18조제3항 · 제4항 단서, 제20조제2항, 제23조제5항, 제25조제2항 · 제3항 단서 및 제27조제2항 중 "농림부령"을 각각 "농림수산식품부령"으로 한다.

〈309〉 부터 〈760〉 까지 생략

제7조 생략

부칙 〈제10116호, 2010. 3. 17.〉

①(시행일) 이 법은 공포 후 6개월이 경과한 날부터 시행한다.

②(경과조치) 이 법 시행 당시 종전의 규정에 따라 지정된 자연휴양림은 제13조의 개정규정에 따라 지정된 자연휴양림으로 본다.

부칙 〈제10459호, 2011. 3. 9.〉

제1조(시행일) 이 법은 공포 후 6개월이 경과한 날부터 시행한다.

제2조(경과조치) ① 이 법 시행 당시 종전의 제7조제2항제3호의 등산안내인 교육과정의 인증을 받은 자는 제7조제2항제3호의 개정규

정의 숲길안내인 교육과정 중 등산안내인 교육과정의 인증을 받은 자로 본다.

② 이 법 시행 당시 종전의 제23조에 따라 조성하고 있는 등산로는 제23조의 개정규정에 따라 조성하고 있는 숲길 중 등산로로 본다.

③ 이 법 시행 당시 조성하고 있거나 조성이 완료된 숲길은 제23조제1항·제2항의 개정규정에 따른 이해관계인의 의견수렴 및 숲길 노선의 지정·고시가 된 것으로 본다.

④ 이 법 시행 당시 종전의 제27조의2제1항에 따른 한국등산지원센터는 제27조의2제1항의 개정규정에 따른 한국등산·트레킹지원센터로 본다.

부칙 〈제10845호, 2011. 7. 14.〉

이 법은 공포 후 6개월이 경과한 날부터 시행한다.

부칙 〈제10940호, 2011. 7. 25.〉 (산림교육의 활성화에 관한 법률)

제1조(시행일) 이 법은 공포 후 1년이 경과한 날부터 시행한다.

제2조 생략

제3조(다른 법률의 개정) 법률 제10459호 산림문화·휴양에 관한 법률 일부개정법률 일부를 다음과 같이 개정한다.

제3장(제7조부터 제12조까지)을 삭제한다.

제33조제1호를 삭제한다.

제38조제1항제1호를 삭제한다.

제4조 생략

부칙 〈제11430호, 2012. 5. 23.〉

이 법은 공포 후 6개월이 경과한 날부터 시행한다.

부칙 〈제11690호, 2013. 3. 23.〉 (정부조직법)

제1조(시행일) ① 이 법은 공포한 날부터 시행한다.

② 생략

제2조 부터 제5조까지 생략

제6조(다른 법률의 개정) ①부터 〈344〉까지 생략

〈345〉 산림문화·휴양에 관한 법률 일부를 다음과 같이 개정한다.

제11조의2제2항, 제11조의4제2항, 제13조제2항 후단, 같은 조 제5항, 제14조제1항 전단, 제18조제3항, 같은 조 제4항 단서, 제20조제2항, 제22조의3제7항, 제23조제4항, 제24조제2호, 제25조제2항, 같은 조 제3항 단서, 제27조제2항, 제27조의2제2항제9호, 제29조제4항·제5항 및 제34조의2제4항 중 "농림수산식품부령"을 각각 "농림축산식품부령"으로 한다.

〈346〉부터 〈710〉까지 생략

제7조 생략

부칙 〈제12731호, 2014. 6. 3.〉

제1조(시행일) 이 법은 공포 후 6개월이 경과한 날부터 시행한다.

제2조(금치산자 등에 대한 경과조치) 제11조의2제3항제1호의 개정규정에 따른 피성년후견인 및 피한정후견인에는 법률 제10429호 민법 일부개정법률 부칙 제2조에 따라 금치산 또는 한정치산 선고의 효력이 유지되는 사람을 포함하는 것으로 본다.

부칙 〈제13026호, 2015. 1. 20.〉

제1조(시행일) 이 법은 공포 후 1년이 경과한 날부터 시행한다.

제2조(자연휴양림등의 타당성 평가에 관한 적용례) 제21조의2의 개정규정은 이 법 시행 후 최초로 자연휴양림 지정을 신청하거나 산림욕장등조성계획 승인을 신청하는 자부터 적용한다.

부칙 〈제13255호, 2015. 3. 27.〉 (산림복지 진흥에 관한 법률)

제1조(시행일) 이 법은 공포 후 1년이 경과한 날부터 시행한다.

제2조 부터 제4조까지 생략

제5조(다른 법률의 개정) ① 법률 제13026호 산림문화·휴양에 관한 법률 일부개정법률 일부를 다음과 같이 개정한다.

제21조의3, 제21조의4, 제33조제4호, 제34조의2, 제35조제4항제3호 및 제36조의3제2호를 각각 삭제한다.

② 생략

부칙 〈제14268호, 2016. 5. 29.〉

제1조(시행일) 이 법은 공포 후 3개월이 경과한 날부터 시행한다.

다만, 제20조의2의 개정규정은 공포한 날부터 시행한다.
제2조(「부동산 거래신고 등에 관한 법률」 제11조에 관한 경과조치) 제20조의2제1항제6호의 개정규정 중 "「부동산 거래신고 등에 관한 법률」 제11조"는 2017년 1월 19일까지는 "「국토의 계획 및 이용에 관한 법률」 제118조"로 본다.

부칙 〈제14518호, 2016. 12. 27.〉
제1조(시행일) 이 법은 공포 후 6개월이 경과한 날부터 시행한다. 다만, 제11조의2 및 제18조제2항의 개정규정은 공포한 날부터 시행한다.
제2조(다른 법률의 개정) 제주특별자치도 설치 및 국제자유도시 조성을 위한 특별법 일부를 다음과 같이 개정한다.
제282조제1항 중 "제20조제3항"을 "제20조제4항"으로 한다.
제282조제2항 중 "제20조제2항 · 제4항"을 "제20조제2항 · 제5항"으로 한다.

부칙 〈제15394호, 2018. 2. 21.〉
제1조(시행일) 이 법은 공포 후 6개월이 경과한 날부터 시행한다.
제2조(기본계획의 수립 등에 관한 적용례) 제4조 및 제22조의3의 개정규정은 이 법 시행 후 기본계획, 지역계획 또는 숲길기본계획을 수립하거나 변경하는 경우부터 적용한다.
제3조(자연휴양림조성계획 등의 고시에 관한 적용례) 제14조제5항 및 제20조제6항의 개정규정은 이 법 시행 후 산림청장 또는 시 · 도

지사가 자연휴양림조성계획 또는 산림욕장등조성계획을 작성 또는 변경작성하거나 승인 또는 변경승인하는 경우부터 적용한다.

제4조(다른 법률에 따른 인·허가 등의 의제에 관한 적용례) 제20조의2의 개정규정은 이 법 시행 후 산림청장이 자연휴양림조성계획 또는 산림욕장등조성계획을 작성 또는 변경작성하는 경우 및 시·도지사에게 자연휴양림조성계획 또는 산림욕장등조성계획의 승인 또는 변경승인을 신청하는 경우부터 적용한다.

제5조(다른 법률의 개정) ① 산림보호법 일부를 다음과 같이 개정한다.

제9조제1항 각 호 외의 부분 중 "제14조제1항에 따른 자연휴양림조성계획을"을 "제14조제1항 또는 제2항에 따른 자연휴양림조성계획을 작성하거나"로 한다.

② 법률 제15395호 산림복지 진흥에 관한 법률 일부개정법률 일부를 다음과 같이 개정한다.

제37조제1항제30호 중 "제14조제1항"을 "제14조제2항"으로 한다.

③ 제주특별자치도 설치 및 국제자유도시 조성을 위한 특별법 일부를 다음과 같이 개정한다.

제282조제1항 중 "제14조제2항"을 "제14조제3항"으로 하고, 같은 조 제2항 중 "제14조제1항 전단, 같은 조 제3항"을 "제14조제2항 전단, 같은 조 제4항"으로, "제22조의3제6항·제7항"을 "제22조의3제7항·제8항"으로 한다.

제6조(다른 법령과의 관계) 이 법 시행 당시 다른 법령에서 종전의

「산림문화 · 휴양에 관한 법률」의 규정을 인용한 경우에 이 법 가운데 그에 해당하는 규정이 있는 때에는 종전의 규정을 갈음하여 이 법의 해당 조항을 인용한 것으로 본다.

부칙 〈제16596호, 2019. 11. 26.〉 (문화재보호법)

제1조(시행일) 이 법은 공포 후 6개월이 경과한 날부터 시행한다. 〈단서 생략〉

제2조 부터 제8조까지 생략

제9조(다른 법률의 개정) ①부터 ⑦까지 생략

⑧ 산림문화 · 휴양에 관한 법률 일부를 다음과 같이 개정한다.

제29조제1항 단서 중 "가지정문화재"를 "임시지정문화재"로 한다.

⑨부터 ⑭까지 생략

제10조 생략

부칙 〈제16708호, 2019. 12. 3.〉

제1조(시행일) 이 법은 공포 후 6개월이 경과한 날부터 시행한다.

제2조(산림치유지도사 양성기관에 대한 행정처분에 관한 적용례) 제11조의4제4항제3호의 개정규정에 따른 산림치유지도사 양성기관에 대한 행정처분은 이 법 시행 이후 최초로 발생하는 위반행위부터 적용한다.

제3조(숲길조성계획의 타당성 평가에 관한 적용례) 제23조제1항의 개정규정에 따른 숲길조성계획의 타당성 평가는 이 법 시행 이후 수립하는 숲길조성계획부터 적용한다.

제4조(산림치유지도사 자격증 발급 수수료에 관한 적용례) 제31조의2제1호의 개정규정은 이 법 시행 이후 최초로 산림치유지도사 자격증 발급신청을 받는 경우부터 적용한다.
제5조(벌칙에 관한 경과조치) 이 법 시행 전의 행위에 대하여 벌칙을 적용할 때에는 종전의 규정에 따른다.

부칙 〈제17013호, 2020. 2. 18.〉
이 법은 공포 후 6개월이 경과한 날부터 시행한다. 다만, 제11조의5, 제33조제1호의2의 개정규정은 공포 후 3개월이 경과한 날부터 시행하고, 제5조, 제16조, 제18조제3항, 제19조, 제21조, 제22조의3, 제35조제1항의 개정규정은 공포한 날부터 시행하며, 법률 제16708호 산림문화·휴양에 관한 법률 일부개정법률 제11조의2제4항, 제6항 및 제7항, 제35조제5항제3호부터 제6호까지의 개정규정은 2020년 6월 4일부터 시행한다.

부칙 〈제17421호, 2020. 6. 9.〉
이 법은 공포 후 6개월이 경과한 날부터 시행한다.

부칙 〈제18881호, 2022. 6. 10.〉
이 법은 공포 후 1년이 경과한 날부터 시행한다. 다만, 제23조의2 후단의 개정규정은 공포 후 6개월이 경과한 날부터 시행한다.

부칙 〈제19117호, 2022. 12. 27.〉 (산림자원의 조성 및 관

리에 관한 법률)

제1조(시행일) 이 법은 공포 후 6개월이 경과한 날부터 시행한다.

제2조 생략

제3조(다른 법률의 개정) ①부터 ㊼까지 생략

㊽ 산림문화·휴양에 관한 법률 일부를 다음과 같이 개정한다.

제20조의2제1항제4호 중 "「산림자원의 조성 및 관리에 관한 법률」 제36조제1항 및 제4항"을 "「산림자원의 조성 및 관리에 관한 법률」 제36조제1항 및 제5항"으로 한다.

㊾부터 〈98〉까지 생략

부칙 〈제19251호, 2023. 3. 21.〉 (자연유산의 보존 및 활용에 관한 법률)

제1조(시행일) 이 법은 2024년 5월 17일부터 시행한다.

[전문개정 2024. 2. 6.]

[시행일: 2024. 3. 22.] 제1조

제2조 부터 제7조까지 생략

제8조(다른 법률의 개정) ①부터 ⑮까지 생략

⑯ 산림문화·휴양에 관한 법률 일부를 다음과 같이 개정한다.

제29조제1항 단서 중 "보호구역은"을 "보호구역 및 「자연유산의 보존 및 활용에 관한 법률」에 따른 천연기념물·명승·임시지정천연기념물·임시지정명승·보호물 또는 보호구역은"으로 하고, 같은 조 제3항제1호 중 "등록된"을 "등록되거나 「자연유산의 보존 및 활용에 관한 법률」에 따른 천연기념물·명승·보호물 또는 보호구역으로 지

정된"으로 한다.

⑰부터 ㊲까지 생략

제9조 생략

부칙 〈제19487호, 2023. 6. 20.〉

이 법은 공포 후 6개월이 경과한 날부터 시행한다.

부칙 〈제19571호, 2023. 7. 25.〉 (행정법제 혁신을 위한 간척지의 농어업적 이용 및 관리에 관한 법률 등 14개 법률의 일부개정에 관한 법률)

제1조(시행일) 이 법은 공포한 날부터 시행한다.

제2조(이의신청에 관한 일반적 적용례) 이의신청에 관한 개정규정은 이 법 시행 이후 하는 처분부터 적용한다.

제3조 부터 제6조까지 생략

제7조(「산림문화·휴양에 관한 법률」의 개정에 관한 적용례) 다른 법률에 따른 인·허가등의 의제를 위한 협의기간에 관한 사항은 이 법 시행 이후 인·허가등의 의제에 관한 협의를 요청하는 경우부터 적용한다.

제8조 부터 제10조까지 생략

부칙 〈제19590호, 2023. 8. 8.〉 (문화유산의 보존 및 활용에 관한 법률)

제1조(시행일) 이 법은 2024년 5월 17일부터 시행한다.

제2조 부터 제8조까지 생략

제9조(다른 법률의 개정) ①부터 ㉑까지 생략

㉒ 법률 제19251호 산림문화·휴양에 관한 법률 일부개정법률 일부를 다음과 같이 개정한다.

제29조제1항 단서 및 같은 조 제3항제1호를 각각 다음과 같이 한다.

다만, 「문화유산의 보존 및 활용에 관한 법률」에 따른 지정문화유산·임시지정문화유산·등록문화유산·보호물 또는 보호구역과 「자연유산의 보존 및 활용에 관한 법률」에 따른 천연기념물등·임시지정천연기념물·임시지정명승·임시지정시·도자연유산·보호물 또는 보호구역은 제외한다.

1. 「문화유산의 보존 및 활용에 관한 법률」에 따른 지정문화유산·보호물 또는 보호구역으로 지정되거나 등록문화유산으로 등록되거나 「자연유산의 보존 및 활용에 관한 법률」에 따른 천연기념물등·보호물 또는 보호구역으로 지정된 경우

㉓부터 〈53〉까지 생략

제10조 생략

부칙 〈제19702호, 2023. 9. 14.〉 (근현대문화유산의 보존 및 활용에 관한 법률)

제1조(시행일) 이 법은 공포 후 1년이 경과한 날부터 시행한다.

제2조 부터 제7조까지 생략

제8조(다른 법률의 개정) ① 및 ② 생략

③ 법률 제19590호 산림문화·휴양에 관한 법률 일부개정법률 일부를 다음과 같이 개정한다.

제29조제1항 단서 및 같은 조 제3항제1호를 각각 다음과 같이 한다.

다만, 「문화유산의 보존 및 활용에 관한 법률」에 따른 지정문화유산·임시지정문화유산·보호물 또는 보호구역, 「근현대문화유산의 보존 및 활용에 관한 법률」에 따른 등록문화유산과 「자연유산의 보존 및 활용에 관한 법률」에 따른 천연기념물등, 임시지정천연기념물, 임시지정명승, 임시지정시·도자연유산, 보호물 또는 보호구역은 제외한다.

1. 「문화유산의 보존 및 활용에 관한 법률」에 따른 지정문화유산·보호물 또는 보호구역으로 지정되거나 「근현대문화유산의 보존 및 활용에 관한 법률」에 따른 등록문화유산으로 등록되거나 「자연유산의 보존 및 활용에 관한 법률」에 따른 천연기념물등·보호물 또는 보호구역으로 지정된 경우

④부터 ⑬까지 생략

제9조 생략

부칙 〈제19804호, 2023. 10. 31.〉

제1조(시행일) 이 법은 공포 후 6개월이 경과한 날부터 시행한다.

제2조(국가숲길 운영·관리 업무의 위탁에 관한 경과조치) 이 법 시행 당시 산림청장으로부터 국가숲길 운영·관리 업무를 위탁받아 수행하고 있는 기관은 제23조의4의 개정규정에 따라 국가숲길 운영·

관리 업무를 위탁받은 기관으로 본다.

부칙 〈제20194호, 2024. 2. 6.〉 (자연유산의 보존 및 활용에 관한 법률)

제1조(시행일) 이 법은 2024년 5월 17일부터 시행한다. 〈단서 생략〉

제2조(다른 법률의 개정) ①부터 ⑤까지 생략

⑥ 법률 제19590호 산림문화·휴양에 관한 법률 일부를 다음과 같이 개정한다.

제29조제1항 단서 중 "임시지정시·도자연유산"을 "임시지정시·도자연유산·임시자연유산자료"로 한다.

⑦부터 ⑨까지 생략

부칙 〈제20581호, 2024. 12. 20.〉 (자치입법권 강화 및 지방자율성 제고를 위한 농어촌정비법 등 10개 법률의 일부개정에 관한 법률)

제1조(시행일) 이 법은 공포 후 6개월이 경과한 날부터 시행한다. 〈단서 생략〉

제2조 및 제3조 생략

산림문화 · 휴양에 관한 법률 시행령
(약칭 : 산림휴양법 시행령)

[시행 2025. 7. 1.] [대통령령 제35623호, 2025. 7. 1., 일부개정]

제9조의7(숲경영체험림조성계획의 승인 요건)
제9조의8(숲경영체험림에 설치할 수 있는 시설의 종류 및 기준)
제9조의9(자연휴양림등의 이용료)
제9조의10(자연휴양림등에서의 금지행위)
제10조(자연휴양림등의 위탁)
제5장 숲길 등 〈개정 2011. 9. 6.〉
제11조(숲길 실태조사의 위탁)
제11조의2(숲길조성계획의 타당성 평가)
제11조의3(숲길조성계획에 대한 의견수렴)
제11조의4(숲길조성계획 타당성 평가의 위탁)
제11조의5(숲길의 운영 · 관리)
제11조의6(국가숲길의 지정기준 및 절차)
제11조의7(국가숲길의 운영 · 관리 등)
제11조의8(차마의 숲길 진입 금지 지정 해제)
제11조의9(등산 · 트레킹학교 시설사용료 등의 징수)
제11조의10(센터의 임원)
제11조의11(이사회)
제11조의12(센터의 운영)
제11조의13(센터에 위탁하는 사업의 범위)
제11조의14(센터의 사업계획서 등 제출)
제12조(산악구조대의 운영 등)
제13조(산악구조대원의 교육 및 훈련)
제6장 산림문화의 진흥 〈개정 2024. 1. 4.〉
제13조의2(산림문화진흥 전문기관의 지정 등)
제14조(산림문화자산의 지정기준)
제14조의2(산림문화자산의 지정 예정 공고)
제14조의3(산림문화자산의 지정해제를 위한 공용시설 등)
제14조의4(지정산림문화자산의 보호 · 관리)
제14조의5(지정산림문화자산의 보관 시설)
제7장 보칙 〈개정 2010. 9. 17.〉
제15조(권한의 위임)
제15조의2(규제의 재검토)
제8장 벌칙 〈신설 2010. 9. 17.〉
제16조(과태료의 부과기준)

**개정 예정 법률 밑줄 별도 표시.

산림문화 · 휴양에 관한 법률 시행령 (약칭 : 산림휴양법 시행령)

[시행 2025. 7. 1.] [대통령령 제35623호, 2025. 7. 1., 일부개정]

제1장 총칙

제1조(목적) 이 영은 「산림문화 · 휴양에 관한 법률」에서 위임된 사항과 그 시행에 필요한 사항을 규정함을 목적으로 한다. 〈개정 2008. 6. 11.〉

제2장 산림문화 · 휴양기본계획 등

제2조 삭제 〈2015. 12. 31.〉

제3조(기본계획의 수립절차 등) ①산림청장은 「산림문화 · 휴양에 관한 법률」(이하 "법"이라 한다) 제4조제1항 및 제4항에 따라 산림문화 · 휴양기본계획(이하 "기본계획"이라 한다)을 수립 또는 변경하려면 관계 중앙행정기관의 장 또는 특별시장 · 광역시장 · 특별자치시장 · 도지사 · 특별자치도지사(이하 "시 · 도지사"라 한다)의 의견을 들어야 한다. 〈개정 2010. 9. 17., 2015. 12. 31., 2018. 8. 14., 2020. 6. 2., 2020. 8. 19.〉

②시·도지사는 법 제4조제3항 및 제4항에 따라 지역산림문화·휴양계획(이하 "지역계획"이라 한다)을 수립 또는 변경한 때에는 지체 없이 시장·군수·구청장(자치구의 구청장을 말한다. 이하 같다)에게 통보해야 한다. 〈개정 2010. 9. 17., 2015. 12. 31., 2018. 8. 14., 2020. 6. 2., 2020. 8. 19.〉

③시·도지사는 산림청장으로부터 법 제4조제9항에 따른 기본계획의 수립 또는 변경에 관한 통보를 받은 날부터 1년 이내에 지역계획을 수립 또는 변경해야 한다. 〈개정 2020. 6. 2., 2020. 8. 19.〉

④ 산림청장은 법 제4조제10항에 따라 기본계획 및 같은 조 제8항에 따른 연도별 시행계획을 수립하거나 변경한 때에는 그 내용을 산림청의 인터넷 홈페이지에 게재하는 방법으로 공표해야 한다. 〈신설 2020. 6. 2., 2020. 8. 19.〉

제4조(기초조사의 위탁) 법 제5조제2항에서 "대통령령으로 정하는 법인·단체 등"이란 다음 각 호의 어느 하나에 해당하는 법인·단체를 말한다. 〈개정 2015. 12. 31., 2020. 8. 19.〉

1. 「산림조합법」에 따른 산림조합중앙회

2. 「산림자원의 조성 및 관리에 관한 법률」에 따른 산림사업법인

2의2. 「산림복지 진흥에 관한 법률」에 따른 한국산림복지진흥원

3. 「민법」에 따라 산림문화·휴양을 목적으로 산림청장의 허가를 받아 설립된 비영리법인

제4조의2(산림문화·휴양발전 지역협의회의 구성 등) ① 지방자치단체의 장은 법 제6조의2제1항에 따른 산림문화·휴양발전 지역협의회(이하 "지역협의회"라 한다)를 다음 각 호의 사람으로 구성하여

운영할 수 있다.

1. 지방자치단체 소속 공무원

2. 자연휴양림, 산림욕장, 치유의 숲, 숲속야영장 및 산림레포츠시설(이하 "자연휴양림등"이라 한다)의 관리인

3. 법 제30조제1항에 따른 지정산림문화자산의 관리인

4. 자연휴양림등이 위치한 지역의 주민

5. 산림문화·휴양 분야에 관하여 전문적인 지식이나 경험을 가진 사람

6. 「산림복지 진흥에 관한 법률」에 따른 한국산림복지진흥원의 임직원

② 제1항에서 규정한 사항 외에 지역협의회의 세부 구성·운영 등에 필요한 사항은 해당 지방자치단체의 조례로 정한다.

[본조신설 2018. 8. 14.]

제3장 산림문화·휴양 교육프로그램 및 교육과정의 인증 등

제4조의3(산림치유지도사의 등급별 자격기준) 법 제11조의2제1항에서 "대통령령으로 정하는 자격기준"이란 별표 1에 따른 등급별 자격기준을 말한다.

[전문개정 2020. 6. 2.]

제4조의4(산림치유지도사의 활용기준) 법 제11조의3에 따라 국가 또는 지방자치단체가 산림치유지도사를 활용하는 기준은 다음 각 호와 같다. 〈개정 2014. 12. 3.〉

1. 50만제곱미터 이상의 치유의 숲: 1급 또는 2급 산림치유지도

사 3명 이상(1급 산림치유지도사 1명 이상을 포함하여야 한다)

2. 50만제곱미터 미만의 치유의 숲: 1급 또는 2급 산림치유지도사 2명 이상(1급 산림치유지도사 1명 이상을 포함하여야 한다)

3. 자연휴양림, 산림욕장 또는 숲길: 1급 또는 2급 산림치유지도사 2명 이상(1급 산림치유지도사 1명 이상을 포함하여야 한다)

[본조신설 2012. 1. 6.]

제4조의5(산림치유지도사 양성기관 지정 등) ① 산림청장은 법 제11조의4제1항에 따라 다음 각 호에 해당하는 기관을 산림치유지도사 양성기관(이하 "양성기관"이라 한다)으로 지정할 수 있다. 〈개정 2016. 2. 3., 2022. 2. 17.〉

1. 「평생교육법」 제30조제2항에 따라 평생교육과정을 운영하는 대학

2. 「공무원 인재개발법」 제3조제1항에 따른 국가공무원인재개발원 및 같은 법 제4조제1항에 따른 전문교육훈련기관

3. 「국민 평생 직업능력 개발법」 제2조제3호에 따른 직업능력개발훈련시설

4. 「민법」에 따라 산림치유를 목적으로 산림청장의 허가를 받아 설립된 비영리법인

② 법 제11조의4제1항에서 "운영시설·인력·교육과정 등 대통령령으로 정하는 요건"이란 별표 1의2에 따른 지정요건을 말한다. 〈신설 2020. 6. 2.〉

③ 법 제11조의4제1항에 따라 양성기관으로 지정받으려는 자는 농림축산식품부령으로 정하는 바에 따라 산림청장에게 양성기관의

지정을 신청하여야 한다. 〈개정 2013. 3. 23., 2020. 6. 2.〉

④ 산림청장은 제2항에 따른 지정요건을 갖춘 제1항 각 호의 어느 하나에 해당하는 기관을 양성기관으로 지정한 때에는 그 기관에 농림축산식품부령으로 정하는 지정서를 발급하고 그 사실을 산림청의 인터넷 홈페이지 등을 통해 공고해야 한다. 〈개정 2020. 6. 2.〉

⑤ 법 제11조의4제4항제4호에서 "대통령령으로 정하는 사항을 위반한 경우"란 다음 각 호의 어느 하나에 해당하는 경우를 말한다. 〈신설 2014. 12. 3., 2020. 6. 2., 2023. 4. 11.〉

1. 제4항에 따라 양성기관으로 지정받은 날부터 1년 이내에 산림치유지도사 양성과정을 개설하지 아니하거나 1년 이상 양성기관을 운영하지 아니하는 경우

2. 제4항에 따라 양성기관으로 지정받은 기관이 아닌 곳에서 산림치유지도사 양성과정을 운영하거나 지정 당시 제출한 산림치유지도사 양성과정과 다르게 운영하는 경우

3. 제4항에 따라 양성기관으로 지정받은 기관이 고의나 중대한 과실로 양성기관을 부실하게 운영한 경우

⑥ 제1항부터 제5항까지에서 규정한 사항 외에 양성기관의 지정 등에 필요한 사항은 산림청장이 정한다. 〈개정 2014. 12. 3., 2020. 6. 2.〉

[본조신설 2012. 1. 6.]

[제목개정 2014. 12. 3.]

제4조의6(산림치유 관련 연구개발 및 보급 등) ① 산림청장은 법 제11조의6제1항에 따른 연구개발 및 보급 등을 효율적으로 추진하기

위해 필요한 경우 산림치유 분야 연구기관·법인·단체 또는 전문가 등에게 연구용역을 의뢰하거나 자문할 수 있다.

② 산림청장은 법 제11조의6제1항에 따라 개발된 기술을 보급하거나 그 사업화를 촉진하기 위해 필요한 경우 시범사업을 추진할 수 있다.

③ 제1항 및 제2항에서 규정한 사항 외에 법 제11조의6제1항에 따른 연구개발 및 보급 등의 추진 방법 및 절차에 관하여 필요한 세부 사항은 산림청장이 정하여 고시한다.

[본조신설 2024. 4. 23.]

제4조의7(산림치유 관련 창업 지원 등) ① 법 제11조의7제1항에 따른 지원 대상의 선정은 공모 방식으로 해야 한다.

② 산림청장은 제1항에 따라 공모하려는 경우에는 다음 각 호의 사항을 산림청의 인터넷 홈페이지에 공고해야 한다.

1. 지원 분야
2. 공모 일정
3. 응모 자격
4. 공모 방법 및 절차
5. 제출 서류 및 작성 방법
6. 그 밖에 산림청장이 공모에 필요하다고 인정하는 사항

③ 산림청장은 제1항에 따른 공모를 통해 지원 대상자를 선정할 때에는 다음 각 호의 사항을 고려해야 한다.

1. 창업 또는 사업내용의 적정성
2. 지원의 효율성 또는 효과성

3. 관련 사업의 추진 실적

4. 사업 수행을 위한 시설·인력·장비의 구비 여부

④ 제1항부터 제3항까지에서 규정한 사항 외에 산림치유와 관련한 창업 및 기술의 사업화 지원의 절차·방법에 관하여 필요한 세부사항은 산림청장이 정하여 고시한다.

[본조신설 2024. 4. 23.]

제5조(산림레포츠지도사의 자격기준) 법 제12조제1항에서 "대통령령으로 정하는 자격기준"이란 별표 1의3에 따른 종목별 자격기준을 말한다.

[본조신설 2020. 6. 2.]

제4장 자연휴양림 및 산림욕장 등의 조성 등 〈개정 2010. 9. 17.〉

제6조(자연휴양림에 포함하는 토지의 면적) 법 제13조제3항 전단에서 "대통령령으로 정하는 면적"이란 1만제곱미터를 말한다.

[본조신설 2017. 6. 27.]

제7조(자연휴양림시설의 종류·기준 등) ① 법 제14조제4항에 따라 자연휴양림 안에 설치할 수 있는 시설의 종류 및 설치기준은 별표 1의4와 같다. 〈개정 2010. 9. 17., 2012. 1. 6., 2018. 8. 14., 2020. 6. 2.〉

②법 제14조제4항에 따라 자연휴양림 안에 설치할 수 있는 시설의 규모는 다음 각 호와 같다. 〈개정 2015. 12. 31., 2017. 12. 29., 2018. 8. 14., 2023. 3. 28., 2023. 4. 11.〉

1. 자연휴양림시설의 설치에 따른 산림의 형질변경 면적(자연휴양림 조성 전에 설치된 임도·순환로·산책로·숲체험코스 및 등산로의 면적은 산림의 형질변경 면적에서 제외한다)은 다음 각 목의 기준에 따를 것

가. 자연휴양림 조성 대상지의 산림면적이 20만제곱미터 이상인 경우 또는 「섬 발전 촉진법」 제2조에 따른 섬지역에 자연휴양림을 조성하는 경우: 10만제곱미터 이하

나. 자연휴양림 조성 대상지의 산림면적이 13만제곱미터 이상부터 20만제곱미터 미만인 경우: 자연휴양림 전체 면적의 50퍼센트 이하

2. 자연휴양림시설 중 건축물이 차지하는 총 바닥면적은 1만제곱미터 이하가 되도록 할 것

3. 개별 건축물의 연면적은 900제곱미터 이하로 할 것. 다만, 「식품위생법 시행령」에 따른 휴게음식점영업소 또는 일반음식점영업소의 연면적은 다음 각 목의 구분에 따른다.

가. 국가 또는 지방자치단체가 소유한 자연휴양림: 200제곱미터 이하

나. 가목 외의 자연휴양림: 600제곱미터 이하

4. 건축물의 층수는 3층 이하가 되도록 할 것

③ 삭제 〈2010. 9. 17.〉

④제1항 및 제2항에서 규정한 사항 외에 휴양시설의 설치·운영 및 관리 등에 필요한 사항은 산림청장이 정한다. 〈개정 2010. 9. 17.〉

제7조의2(자연휴양림의 안전관리 등) ① 법 제16조의2제1항에 따라

자연휴양림을 관리하는 자가 수립하는 안전관리계획(이하 “안전관리계획”이라 한다)에는 다음 각 호의 사항이 포함되어야 한다.

1. 자연휴양림의 시설물·이용객 등에 대한 안전관리를 담당하는 조직의 구성

2. 직원에 대한 안전관리 교육·훈련

3. 안전점검의 방법 및 점검주기

4. 재난·사고의 발생 시 조치방안

5. 그 밖에 자연휴양림의 안전관리를 위하여 산림청장이 필요하다고 인정하는 사항

② 산림청장 및 지방자치단체의 장은 자연휴양림에 대하여 반기별 1회 이상 안전점검을 실시하여야 한다. 이 경우 산림청장 및 지방자치단체의 장은 자연휴양림을 관리하는 자가 실시한 안전점검 결과를 요청할 수 있다.

③ 제1항 및 제2항에서 규정한 사항 외에 안전관리계획의 수립·시행 및 안전점검에 필요한 세부사항은 산림청장이 정하여 고시한다.

[본조신설 2018. 8. 14.]

제8조(산림욕장 등에 포함하는 토지의 면적) 법 제20조제3항 전단에서 “대통령령으로 정하는 면적”이란 산림욕장, 치유의 숲, 숲속야영장 또는 산림레포츠시설 각각의 조성면적의 100분의 10을 말한다. 다만, 산림욕장, 치유의 숲, 숲속야영장 또는 산림레포츠시설 각각의 조성면적의 100분의 10이 다음 각 호의 구분에 따른 면적을 초과하는 경우에는 다음 각 호의 구분에 따른 면적을 말한다.

1. 산림욕장의 경우: 5천제곱미터

2. 치유의 숲의 경우: 1만제곱미터

3. 숲속야영장의 경우: 3천제곱미터

4. 산림레포츠시설의 경우: 3천제곱미터

[본조신설 2017. 6. 27.]

제9조(산림욕장시설의 종류 · 기준 등) ① 법 제20조제5항에 따라 산림욕장 안에 설치할 수 있는 시설의 종류 및 설치기준은 별표 2와 같다. 〈개정 2010. 9. 17., 2017. 6. 27.〉

② 삭제 〈2010. 9. 17.〉

③제1항에서 규정한 사항 외에 산림욕장시설의 설치 · 운영 및 관리 등에 필요한 사항은 산림청장이 정한다. 〈개정 2010. 9. 17.〉

제9조의2(치유의 숲시설의 종류 · 기준 등) ① 삭제 〈2015. 12. 31.〉

② 법 제20조제5항에 따라 치유의 숲 안에 설치할 수 있는 시설의 종류 및 설치기준은 별표 3과 같다. 〈개정 2017. 6. 27.〉

③ 법 제20조제5항에 따라 치유의 숲 안에 설치할 수 있는 시설의 규모는 다음 각 호와 같다. 〈개정 2015. 12. 31., 2017. 6. 27., 2023. 4. 11.〉

1. 치유의 숲시설의 설치에 따른 산림의 형질변경 면적(치유의 숲 조성 전에 설치된 임도 · 순환로 · 산책로 · 숲체험코스 및 등산로의 면적은 산림의 형질변경 면적에서 제외한다)은 다음 각 목의 기준에 따를 것

가. 「국토의 계획 및 이용에 관한 법률」 제36조제1항제1호라목

에 따른 녹지지역(이하 "녹지지역"이라 한다)에 치유의 숲을 조성하는 경우: 1만제곱미터 이하

나. 녹지지역 외의 지역에 치유의 숲을 조성하는 경우: 치유의 숲 전체면적의 10퍼센트 이하

2. 치유의 숲시설 중 건축물이 차지하는 총 바닥면적은 다음 각 목의 기준에 따를 것

가. 녹지지역에 치유의 숲을 조성하는 경우: 5천제곱미터 이하

나. 녹지지역 외의 지역에 치유의 숲을 조성하는 경우: 치유의 숲 전체면적의 2퍼센트 이하

3. 건축물의 층수는 2층 이하가 되도록 할 것. 다만, 녹지지역에 치유의 숲을 조성하는 경우 건축물의 층수는 4층 이하로 할 수 있다.

④ 제2항 및 제3항에서 규정한 사항 외에 치유의 숲시설의 설치·운영 및 관리 등에 필요한 사항은 산림청장이 정한다.

[본조신설 2010. 9. 17.]

제9조의3(숲속야영장에 설치할 수 있는 시설의 종류·기준 등) ① 법 제20조제5항에 따라 숲속야영장에 설치할 수 있는 시설의 종류 및 기준은 별표 3의2와 같다. 〈개정 2017. 6. 27.〉

② 법 제20조제5항에 따라 숲속야영장에 설치할 수 있는 시설의 규모는 다음 각 호와 같다. 〈개정 2016. 11. 22., 2017. 6. 27.〉

1. 숲속야영장 조성에 따른 산림의 형질변경 면적(숲속야영장 조성 전에 설치된 임도·순환로·산책로·숲체험코스 및 등산로의 면적은 산림의 형질변경 면적에서 제외한다)은 다음 각 목의 기준에 따를 것

가. 국가 또는 지방자치단체가 조성하는 경우: 숲속야영장 면적의 100분의 10 이하

나. 가목 외의 자가 조성하는 경우

1) 숲속야영장 면적이 1만제곱미터 이하인 경우: 숲속야영장 면적의 100분의 30 이하

2) 숲속야영장 면적이 1만제곱미터 초과 5만제곱미터 이하인 경우: 숲속야영장 면적 중 1만제곱미터를 초과하는 면적의 100분의 5에 3천제곱미터를 합한 면적 이하

3) 숲속야영장 면적이 5만제곱미터 초과인 경우: 숲속야영장 면적의 100분의 10 이하

2. 위생복합시설, 관리센터 등 건축물의 층수는 2층 이하가 되도록 하고, 숲속야영장 중 건축물이 차지하는 총 바닥면적은 숲속야영장 면적의 100분의 10 미만이 되도록 할 것

③ 제1항 및 제2항에서 규정한 사항 외에 숲속야영장의 설치ㆍ운영 및 관리 등에 필요한 사항은 산림청장이 정한다.

[본조신설 2015. 12. 31.]

제9조의4(산림레포츠시설의 종류ㆍ기준 등) ① 법 제20조제5항에 따른 산림레포츠시설의 종류 및 기준은 별표 3의3과 같다. 〈개정 2017. 6. 27., 2017. 12. 29.〉

② 제1항에 따른 산림레포츠시설의 규모는 다음 각 호와 같다. 〈신설 2017. 12. 29.〉

1. 산림레포츠시설 중 건축물이 차지하는 총 바닥면적은 5천제곱미터 이하가 되도록 할 것

2. 개별 건축물의 연면적은 900제곱미터 이하로 할 것. 다만, 「식품위생법 시행령」에 따른 휴게음식점영업소의 연면적은 200제곱미터 이하로 하여야 한다.

3. 건축물의 층수는 2층 이하가 되도록 할 것

③ 제1항 및 제2항에서 규정한 사항 외에 산림레포츠시설의 설치·운영 및 관리 등에 필요한 사항은 산림청장이 정한다. 〈개정 2017. 12. 29.〉

[본조신설 2015. 12. 31.]

[제목개정 2017. 12. 29.]

제9조의5(자연휴양림등의 타당성 평가) ① 법 제21조의2제1항 각 호 외의 부분 전단에서 "대통령령으로 정하는 기준"이란 자연휴양림등의 대상지에 대한 다음 각 호의 기준을 말한다. 〈개정 2018. 8. 14., 2021. 6. 22., 2023. 4. 11.〉

1. 경관: 표고차, 임목 수령, 식물 다양성 및 생육 상태 등이 적정할 것

2. 위치: 접근도로 현황 및 인접도시와의 거리 등에 비추어 그 접근성이 용이할 것

3. 면적: 자연휴양림 및 치유의 숲은 그 조성 대상지의 산림면적이 다음 각 목의 구분에 따른 면적 이상일 것

가. 자연휴양림: 국가 또는 지방자치단체가 조성하는 경우에는 20만제곱미터, 그 밖의 자가 조성하는 경우에는 13만제곱미터. 다만, 「섬 발전 촉진법」 제2조에 따른 섬지역의 경우에는 조성주체와 관계없이 10만제곱미터로 한다.

나. 치유의 숲

1) 국가 또는 지방자치단체가 조성하는 경우에는 50만제곱미터(특별시 또는 광역시의 관할구역에 조성하는 경우에는 25만제곱미터), 그 밖의 자가 조성하는 경우에는 30만제곱미터(특별시 또는 광역시의 관할구역에 조성하는 경우에는 15만제곱미터). 다만, 「섬 발전 촉진법」 제2조에 따른 섬지역의 경우에는 조성주체와 관계없이 10만제곱미터로 한다.

2) 1)에도 불구하고 녹지지역에 조성하는 경우에는 5만제곱미터

4. 개발여건: 개발비용, 토지이용 제한요인 및 재해빈도 등이 적정할 것

5. 조성 목적 등: 자연휴양림등의 조성 목적 및 프로그램 운영 등이 적정할 것

② 제1항에서 규정한 사항 외에 법 제21조의2제1항에 따른 타당성 평가의 세부기준은 산림청장이 정하여 고시한다.

[본조신설 2015. 12. 31.]

제9조의6(타당성 평가의 위탁) 법 제21조의2제2항에서 "대통령령으로 정하는 기관 또는 단체"란 다음 각 호의 어느 하나에 해당하는 기관 또는 단체를 말한다. 〈개정 2023. 6. 27.〉

1. 「산림조합법」에 따른 산림조합중앙회

2. 「산림복지 진흥에 관한 법률」에 따른 한국산림복지진흥원

3. 「산지관리법」에 따른 한국산지보전협회

4. 「산림자원의 조성 및 관리에 관한 법률」 제24조에 따라 등록

한 산림사업법인 중 같은 법 시행령 별표 2 제5호에 따른 자격요건을 갖춘 산림사업법인

5. 「민법」에 따라 산림문화·휴양을 목적으로 산림청장의 허가를 받아 설립된 비영리법인

[본조신설 2015. 12. 31.]

제9조의7(숲경영체험림조성계획의 승인 요건) ① 법 제21조의3제1항 전단에서 "산림면적 및 경력 등 대통령령으로 정하는 요건을 갖춘 자"란 다음 각 호의 요건을 모두 갖춘 자를 말한다.

1. 임업을 실제 경영하는 자로서 「임업 및 산촌 진흥촉진에 관한 법률」 제17조제1항에 따라 임업후계자로 선발되거나 같은 조 제2항에 따라 독림가로 선정된 자일 것

2. 「산림자원의 조성 및 관리에 관한 법률」 제13조에 따른 산림경영계획에 따라 5만제곱미터 이상의 산림(사용·수익하고 있는 산림을 포함한다)을 5년 이상 경영한 경력이 있을 것

② 법 제21조의3제2항 전단에서 "대통령령으로 정하는 면적"이란 5천제곱미터를 말한다.

[본조신설 2023. 6. 7.]

[종전 제9조의7은 제9조의9로 이동 〈2023. 6. 7.〉]

제9조의8(숲경영체험림에 설치할 수 있는 시설의 종류 및 기준) 법 제21조의3제4항에 따라 숲경영체험림에 설치할 수 있는 시설의 종류 및 기준은 별표 3의4와 같다.

[본조신설 2023. 6. 7.]

[종전 제9조의8은 제9조의10으로 이동 〈2023. 6. 7.〉]

제9조의9(자연휴양림등의 이용료) ① 법 제21조의5제1항에 따른 자연휴양림등(지방자치단체가 조성한 자연휴양림등은 제외한다. 이하 이 조에서 같다)의 입장료, 시설사용료 및 체험료 등(이하 "이용료"라 한다)은 해당 자연휴양림등의 조성·유지 및 관리에 필요한 비용을 고려하여 적정하게 정하여야 한다. 〈개정 2025. 7. 1.〉

② 다음 각 호의 어느 하나에 해당하는 사람에 대해서는 자연휴양림등의 입장료를 면제할 수 있다. 다만, 제12호부터 제16호까지는 국가가 조성한 자연휴양림등의 경우만 해당한다. 〈개정 2016. 6. 21., 2017. 12. 29., 2018. 8. 14., 2018. 12. 31., 2020. 6. 2., 2021. 4. 6., 2023. 4. 11., 2025. 7. 1.〉

1. 국빈 및 그 수행원
2. 외교사절단 및 그 수행원
3. 만 6세 이하 또는 만 65세 이상인 사람
4. 공무수행을 위하여 출입하는 사람
5. 「장애인복지법」 제32조에 따라 등록된 장애인(장애의 정도가 심한 장애인의 경우에는 그 보호자를 포함한다)
6. 「독립유공자예우에 관한 법률」 제6조에 따라 등록된 독립유공자와 그 배우자 및 유족
7. 「국가유공자 등 예우 및 지원에 관한 법률」 제6조에 따라 등록된 국가유공자(애국지사 및 상이등급 1급·2급·3급에 해당하는 경우에는 활동을 보조하는 사람 1명을 포함한다)와 그 배우자 및 유족
8. 「5·18민주유공자예우 및 단체설립에 관한 법률」 제7조에 따라 등록된 5·18민주유공자(장해등급 1급·2급·3급에 해당하는 경우

에는 활동을 보조하는 사람 1명을 포함한다)와 그 배우자 및 유족

9. 「참전유공자 예우 및 단체설립에 관한 법률」 제5조에 따라 등록된 참전유공자

10. 「특수임무유공자 예우 및 단체설립에 관한 법률」 제6조에 따라 등록된 특수임무유공자(상이등급 1급 · 2급 · 3급에 해당하는 경우에는 활동을 보조하는 사람 1명을 포함한다)와 그 배우자 및 유족

10의2. 「고엽제후유의증 등 환자지원 및 단체설립에 관한 법률」 제4조 및 제7조제5항에 따라 등록된 고엽제후유증환자 중 국가보훈부장관이 실시하는 신체검사에서 「국가유공자 등 예우 및 지원에 관한 법률」 제6조의4제1항에 따른 상이등급에 해당하지 아니하는 것으로 판정된 사람

10의3. 「고엽제후유의증 등 환자지원 및 단체설립에 관한 법률」 제4조 및 제7조제5항에 따라 등록된 고엽제후유의증환자

10의4. 「의사상자 등 예우 및 지원에 관한 법률 시행령」 제17조의2제1항에 따른 의상자(부상등급이 1급 또는 2급에 해당하는 경우에는 활동을 보조하는 사람 1명을 포함한다), 의사자유족, 의상자가족 중 배우자 및 자녀

10의5. 「체육인 복지법」 제7조제1항에 따라 지정받은 대한민국체육유공자와 그 배우자, 대한민국체육유공자의 활동을 직접 보조하는 사람 1명(대한민국체육유공자와 동행하는 경우로 한정한다) 및 같은 조 제3항제2호에 따른 연금을 지급받을 선순위 유족 1명

10의6. 「국군포로의 송환 및 대우 등에 관한 법률」 제6조에 따라 등록된 귀환포로와 대한민국으로 귀환한 억류지출신 포로가족

11. 「국민기초생활 보장법」에 따른 수급자

12. 「산림보호법」 제46조제1항에 따라 위촉된 숲사랑지도원

13. 「산림교육의 활성화에 관한 법률」 제16조에 따른 한국숲사랑청소년단의 단원

14. 해당 자연휴양림등이 소재하는 시 · 군 · 구에 거주하는 사람

15. 해당 자연휴양림등에 있는 사찰 등에 상시 출입하는 사람

16. 제1호부터 제15호까지와 유사한 사람으로서 입장료의 면제가 필요하다고 산림청장이 고시하는 사람

③ 제1항 및 제2항에서 규정한 사항 외에 이용료의 세부적인 징수기준은 국가가 조성한 자연휴양림등의 경우에는 산림청장이 정하여 고시하고, 국가 및 지방자치단체 외의 자가 조성한 자연휴양림등의 경우에는 자연휴양림등을 조성한 자가 정한다. 〈개정 2025. 7. 1.〉

[본조신설 2015. 12. 31.]

[제9조의7에서 이동 〈2023. 6. 7.〉]

제9조의10(자연휴양림등에서의 금지행위) 법 제21조의6제3호에서 "대통령령으로 정하는 행위"란 다음 각 호의 어느 하나에 해당하는 행위를 말한다. 〈개정 2023. 4. 11.〉

1. 자연휴양림등에 설치된 시설을 자연휴양림등의 관리인의 허락 없이 이동 · 반출하거나 훼손하는 행위

2. 심한 소음 또는 악취가 나게 하는 등 다른 사람에게 혐오감을 주는 행위

3. 지정된 장소 외의 장소에서의 주차행위

4. 지정된 장소 외의 장소에서의 상행위

5. 지정된 장소 외의 장소에서의 텐트나 자동차 등을 이용한 야영 행위

[본조신설 2020. 8. 19.]

[제9조의8에서 이동 〈2023. 6. 7.〉]

제10조(자연휴양림등의 위탁) ① 법 제22조에서 “산림조합 등 대통령령으로 정하는 법인·단체 등”이란 다음 각 호의 어느 하나에 해당하는 법인·단체로서 자연휴양림, 산림욕장, 치유의 숲, 숲속야영장 또는 산림레포츠시설의 조성 또는 관리에 필요한 재정적 능력이 있는 법인·단체를 말한다. 〈개정 2010. 9. 17., 2012. 1. 6., 2014. 12. 3., 2017. 6. 27., 2017. 12. 29., 2020. 6. 2.〉

1. 법 제27조의2제1항에 따른 한국등산·트레킹지원센터

1의2. 「산림조합법」에 따른 산림조합중앙회 또는 산림조합

1의3. 「산림복지 진흥에 관한 법률」 제49조제1항에 따른 한국산림복지진흥원

2. 「민법」에 따라 산림문화·휴양을 목적으로 산림청장 또는 시·도지사의 허가를 받아 설립된 비영리법인

3. 「지방공기업법」에 따라 설립된 지방공사 및 지방공단

4. 독림가, 임업후계자 또는 산림기술자 5명 이상으로 구성된 법인·단체

② 법 제22조에 따른 위탁기간은 3년부터 5년까지의 기간으로 하되, 산림청장 또는 지방자치단체의 장이 필요하다고 인정하는 경우에는 2년부터 5년까지의 범위에서 그 위탁기간을 연장할 수 있다. 다만, 지방자치단체의 장이 연장하는 경우에 그 횟수에 관하여는

「공유재산 및 물품 관리법 시행령」 제19조제2항 및 제3항을 준용한다. 〈신설 2010. 9. 17.〉

[제목개정 2017. 12. 29.]

제5장 숲길 등 〈개정 2011. 9. 6.〉

제11조(숲길 실태조사의 위탁) 법 제22조의3제7항에서 "대통령령으로 정하는 법인·단체"란 다음 각 호의 어느 하나에 해당하는 법인·단체를 말한다. 〈개정 2011. 9. 6., 2018. 8. 14., 2020. 6. 2.〉

1. 「산림조합법」에 따른 산림조합 및 산림조합중앙회
2. 「산림자원의 조성 및 관리에 관한 법률」에 따른 산림사업법인
3. 「민법」에 따라 등산·트레킹의 교육·훈련 등을 목적으로 산림청장의 허가를 받아 설립된 비영리법인
4. 법 제27조의2제1항에 따른 한국등산·트레킹지원센터

[제목개정 2011. 9. 6.]

제11조의2(숲길조성계획의 타당성 평가) ① 법 제23조제1항 전단에서 "대통령령으로 정하는 기준"이란 숲길조성계획에 대한 다음 각 호의 기준을 말한다.

1. 노선선정의 적절성: 숲길의 노선이 그 조성대상지의 경관 조건, 숲길 간의 연결성, 안전성 등을 고려하여 선정될 것
2. 조성계획의 적절성: 숲길의 명칭 및 위치, 조성목적, 조성거리, 접근성, 운영·관리 등을 고려하여 조성계획이 수립될 것
3. 생태계에 미치는 영향: 멸종위기 동·식물의 서식지를 훼손하지 않는 등 산림생태계에 미치는 영향이 적을 것

4. 지역사회에 미치는 영향: 지역의 역사·문화·관광 자원 등과 연계하여 지역사회 활성화에 기여할 수 있을 것

② 제1항 각 호에 따른 타당성 평가의 세부기준은 산림청장이 정하여 고시한다.

[본조신설 2020. 6. 2.]

[종전 제11조의2는 제11조의3으로 이동 〈2020. 6. 2.〉]

제11조의3(숲길조성계획에 대한 의견수렴) ① 지방산림청장과 지방자치단체의 장(이하 "숲길관리청"이라 한다)은 법 제23조제1항 전단에 따라 이해관계인(토지소유자를 포함한다)의 의견을 수렴하려는 경우에는 숲길 예정노선의 도면을 첨부한 숲길조성계획을 인터넷홈페이지 또는 일간신문 등에 20일 이상 공고하여야 한다. 〈개정 2020. 6. 2.〉

② 숲길관리청은 공고한 숲길조성계획에 대하여 관계 행정기관의 장의 의견을 듣거나 숲길 관련 전문가토론회 및 주민설명회를 개최할 수 있다.

[본조신설 2011. 9. 6.]

[제11조의2에서 이동, 종전 제11조의3은 제11조의5로 이동 〈2020. 6. 2.〉]

제11조의4(숲길조성계획 타당성 평가의 위탁) ① 법 제23조제1항 후단에서 "대통령령으로 정하는 법인·단체"란 다음 각 호의 어느 하나에 해당하는 법인·단체를 말한다. 〈개정 2023. 6. 27.〉

1. 법 제27조의2제1항에 따른 한국등산·트레킹지원센터

2. 「산림조합법」에 따른 산림조합 및 산림조합중앙회

3. 「산림자원의 조성 및 관리에 관한 법률」 제24조에 따라 등록한 산림사업법인 중 같은 법 시행령 별표 2 제7호에 따른 자격요건을 갖춘 산림사업법인

4. 「산림기술 진흥 및 관리에 관한 법률」 제15조에 따라 등록한 산림기술용역업자 중 같은 법 시행령 별표 4에 따른 종합업 또는 산림휴양 전문업 산림기술용역업자

5. 「민법」에 따라 숲길 조성 및 숲길 이용자의 활동 지원을 목적으로 산림청장의 허가를 받아 설립된 비영리법인

② 숲길관리청장은 법 제23조제1항 후단에 따라 숲길조성계획에 관한 타당성 평가 업무를 위탁한 법인·단체에 그 업무와 관련한 자료의 제출을 요청할 수 있다.

[본조신설 2020. 6. 2.]

[종전 제11조의4는 제11조의7로 이동 〈2020. 6. 2.〉]

제11조의5(숲길의 운영·관리) ① 숲길관리청은 법 제23조의2에 따라 다음 각 호의 숲길 운영·관리 업무를 수행한다. 〈개정 2015. 12. 31., 2018. 8. 14.〉

1. 숲길의 이용촉진과 이용자의 안전·편의 증진을 위한 안전시설·종합안내판, 전망대 및 해설표시판 등의 시설물 설치 및 보수·관리

2. 숲길을 효율적으로 유지·관리하기 위한 실태조사를 매년 1회 이상 실시

3. 숲길의 이용정보 제공을 위하여 숲길에 대한 안내센터 설치 및 운영·관리

4. 건전한 산행문화 정착을 위한 「산림교육의 활성화에 관한 법률」 제2조제2호다목에 따른 숲길등산지도사의 배치ㆍ활용

5. 그 밖에 산림청장이 숲길을 보전하고 이용 및 안전ㆍ편의를 증진하기 위하여 숲길관리청이 수행할 필요가 있다고 인정하는 업무

② 숲길의 노선 중 다른 숲길의 노선과 연접ㆍ중복되는 구간의 노선은 관계 숲길관리청이 협의하여 정한 숲길관리청이 운영ㆍ관리할 수 있다.

③ 숲길관리청은 지역주민ㆍ시민단체 등이 숲길의 운영ㆍ관리 프로그램에 참여할 수 있도록 하여야 한다.

④ 제1항부터 제3항까지에서 규정한 사항 외에 숲길 운영ㆍ관리 등의 절차ㆍ방법에 관하여 필요한 세부 사항은 산림청장이 정한다. 〈신설 2024. 4. 23.〉

[본조신설 2011. 9. 6.]

[제11조의3에서 이동, 종전 제11조의5는 제11조의8로 이동 〈2020. 6. 2.〉]

제11조의6(국가숲길의 지정기준 및 절차) ① 법 제23조의3제1항에 따른 국가숲길의 지정기준은 별표 3의5와 같다. 〈개정 2023. 6. 7.〉

② 법 제23조의3제1항에 따라 숲길을 국가숲길로 지정을 받으려는 숲길관리청은 농림축산식품부령으로 정하는 바에 따라 국가숲길 지정신청서를 산림청장에게 제출해야 한다.

③ 제2항에 따른 지정신청을 받은 산림청장은 법 제23조에 따라 조성된 숲길이 제1항에 따른 지정기준에 적합하면 「산림복지 진흥에 관한 법률」 제8조에 따른 산림복지심의위원회의 심의를 거쳐 국

가숲길로 지정할 수 있다.

[본조신설 2020. 6. 2.]

[종전 제11조의6은 제11조의9로 이동 〈2020. 6. 2.〉]

제11조의7(국가숲길의 운영·관리 등) ① 산림청장은 법 제23조의4제1항에 따라 국가숲길에 대한 다음 각 호의 운영·관리 업무를 수행한다.

1. 제11조의5제1항제1호부터 제4호까지에 해당하는 업무

2. 국가숲길 운영·관리지침 마련

3. 국가숲길 안전관리 체계 구축

4. 국가숲길 정보체계 구축

5. 국가숲길 이용 활성화 프로그램의 운영

6. 그 밖에 산림청장이 국가숲길의 운영·관리를 위하여 필요하다고 인정하는 업무

② 산림청장이 법 제23조의4제2항에 따라 위탁할 수 있는 업무의 범위는 제1항제1호(제11조의5제1항제4호에 해당하는 업무는 제외한다) 및 제5호에 따른 국가숲길의 운영·관리 업무로 한다.

③ 산림청장은 법 제23조의4제2항에 따라 업무를 위탁하는 경우에는 그 위탁받는 기관 및 위탁업무의 내용을 산림청의 인터넷 홈페이지에 공고해야 한다.

④ 제1항부터 제3항까지에서 규정한 사항 외에 국가숲길 운영·관리의 방법·절차에 관하여 필요한 세부 사항은 산림청장이 정하여 고시한다.

[본조신설 2024. 4. 23.]

[종전 제11조의7은 제11조의8로 이동 〈2024. 4. 23.〉]

제11조의8(차마의 숲길 진입 금지 지정 해제) 법 제25조의3제2항에서 "대통령령으로 정하는 사유가 발생한 때"란 법 제25조의3제1항에 따라 지정된 숲길 내에 숲길 이용자가 이용하는 숲길의 경로와 「도로교통법」 제2조제17호에 따른 차마(이하 "차마"라 한다)의 통행 경로가 시설물 등의 설치에 의해 완전히 분리되어 숲길 이용자가 이용하는 숲길의 경로를 차마가 통행할 수 없게 된 때를 말한다.

[본조신설 2020. 12. 8.]

[제11조의7에서 이동, 종전 제11조의8은 제11조의9로 이동 〈2024. 4. 23.〉]

제11조의9(등산 · 트레킹학교 시설사용료 등의 징수) ① 산림청장은 법 제27조제4항에 따라 시설사용료 및 체험료 등을 정할 때에는 등산 · 트레킹 관련 시설의 설치 · 운영 및 유지 · 관리에 소요되는 비용, 체험활동에 필요한 실비(實費)를 기준으로 하여 정하여야 한다.

② 제1항에 따른 시설사용료 및 체험료 등의 세부적인 징수기준은 산림청장이 정하여 고시한다.

[본조신설 2018. 8. 14.]

[제11조의8에서 이동, 종전 제11조의9는 제11조의10으로 이동 〈2024. 4. 23.〉]

제11조의10(센터의 임원) ① 법 제27조의2제1항에 따른 한국등산 · 트레킹지원센터(이하 "센터"라 한다)에 같은 조 제4항에 따라 임원으로서 이사장 · 이사 및 감사를 둔다. 〈개정 2020. 6. 2.〉

② 임원의 정원 · 임기 · 선임방법 및 그 자격 요건 등에 필요한 사

항은 정관으로 정한다.

[본조신설 2008. 6. 11.]

[제11조의9에서 이동, 종전 제11조의10은 제11조의11로 이동 〈2024. 4. 23.〉]

제11조의11(이사회) ① 정관으로 정하는 중요한 사항을 심의·의결하기 위하여 센터에 이사회를 둔다.

② 이사회는 이사장을 포함한 이사로 구성한다.

③ 이사회의 운영에 필요한 사항은 정관으로 정한다.

[본조신설 2008. 6. 11.]

[제11조의10에서 이동, 종전 제11조의11은 제11조의12로 이동 〈2024. 4. 23.〉]

제11조의12(센터의 운영) ① 법 제27조의2제4항에 따라 센터는 특별시·광역시·특별자치시·도 또는 특별자치도에 지부를 둘 수 있다. 〈개정 2015. 12. 31.〉

② 법 제27조의2제4항에 따라 센터는 지역의 특수한 여건을 고려하여 조성한 숲길을 운영·관리하고 지역주민의 참여를 통한 공동사업의 활성화를 위하여 지역의 숲길 관련 법인을 산림청장의 승인을 받아 지역숲길센터로 지정하여 센터의 운영에 필요한 협력사업을 하게 할 수 있다.

[본조신설 2011. 9. 6.]

[제11조의11에서 이동, 종전 제11조의12는 제11조의13으로 이동 〈2024. 4. 23.〉]

제11조의13(센터에 위탁하는 사업의 범위) 법 제27조의2제4항에 따

른 센터에 위탁하는 사업의 범위는 다음 각 호의 사업으로 한다. 〈개정 2015. 12. 31.〉

1. 숲길 참여 프로그램 개발 및 정보네트워크 구축 · 운영사업
2. 숲길 관련 전시관 · 박물관 등의 건립 및 운영 · 관리사업
3. 숲길관리청이 조성한 숲길의 운영 · 관리 사업

[본조신설 2011. 9. 6.]

[제11조의12에서 이동, 종전 제11조의13은 제11조의14로 이동 〈2024. 4. 23.〉]

제11조의14(센터의 사업계획서 등 제출) 센터는 다음 각 호의 서류를 작성하여 매년 2월 말까지 산림청장에게 제출하여야 한다.

1. 전년도 사업실적보고서 및 결산보고서
2. 해당 연도 사업계획서 및 수지예산서

[본조신설 2008. 6. 11.]

[제11조의13에서 이동 〈2024. 4. 23.〉]

제12조(산악구조대의 운영 등) ① 숲길관리청은 법 제28조제1항에 따른 산악구조대를 다음 각 호의 구분에 따라 편성하여 운영한다. 〈개정 2011. 9. 6., 2015. 12. 31.〉

1. 산림항공구조대: 항공기를 이용하여 숲길 및 산악지역에서 발생한 조난, 실종 및 추락 등의 사고에 대한 구조 활동을 하는 구조대를 말하며, 산림항공본부에 편성하여 운영한다.

2. 산행안전지원대: 산림항공구조대의 활동을 지원하거나 예방 · 응급처치 · 구급에 대한 교육과 홍보활동을 하는 구조대를 말하며, 숲길관리청별로 편성하여 운영한다.

3. 민간산악구조대: 제1호 및 제2호에 따른 산악구조대의 활동을 지원하거나 숲길 이용자의 조난·실종 및 추락 등 산악사고 예방, 산악사고 발생 시 응급처치·구급 활동 등과 관련한 교육 및 홍보활동을 하는 구조대를 말하며, 관련 법인이나 단체의 구성원 등으로 편성하여 운영한다.

②산악구조대는 관할구역의 산림 안에서 숲길 이용자의 조난·실종 및 추락 등의 사고가 발생할 경우 환자를 응급처치하거나 의료기관에 이송할 수 있다. 〈개정 2011. 9. 6.〉

③제1항제1호에 따른 산림항공구조대는 「119구조·구급에 관한 법률」에 따른 구조대 및 구급대와 업무수행에 협력하여 운영하여야 한다. 〈개정 2011. 9. 6.〉

④제1항제1호 및 제3항 외에 산림항공구조대의 편성·운영 등에 관하여 필요한 사항은 산림청장이 정한다. 〈개정 2011. 9. 6.〉

제13조(산악구조대원의 교육 및 훈련) 제12조제1항에 따라 편성된 산악구조대원은 연 1회 이상 그 임무수행에 필요한 교육 및 훈련을 받아야 한다. 〈개정 2011. 9. 6.〉

[제목개정 2011. 9. 6.]

제6장 산림문화의 진흥 〈개정 2024. 1. 4.〉

제13조의2(산림문화진흥 전문기관의 지정 등) ① 법 제28조의5제1항에 따른 산림문화진흥 전문기관(이하 "전문기관"이라 한다)의 지정요건은 별표 3의6과 같다.

② 법 제28조의5제1항에 따라 전문기관으로 지정을 받으려는 자

는 농림축산식품부령으로 정하는 지정신청서에 제1항에 따른 지정요건을 갖추었음을 증명하는 서류를 첨부하여 산림청장에게 제출해야 한다.

③ 산림청장은 제1항에 따른 지정요건을 갖춘 기관을 전문기관으로 지정한 때에는 농림축산식품부령으로 정하는 전문기관 지정서를 발급하고, 그 사실을 산림청의 인터넷 홈페이지에 공고해야 한다.

④ 법 제28조의5제4항에 따른 전문기관의 지정 취소 및 업무 정지 처분의 세부기준은 별표 3의7과 같다.

⑤ 제1항부터 제4항까지에서 규정한 사항 외에 전문기관의 지정 및 운영 등에 필요한 사항은 산림청장이 정한다.

[본조신설 2024. 1. 4.]

제14조(산림문화자산의 지정기준) ① 법 제29조제1항에 따른 산림문화자산의 지정기준은 다음 각 호와 같다.

1. 유형산림문화자산: 토지 · 숲 · 나무 · 건축물 · 목재제품 · 기록물 등 형체를 갖춘 것으로서 생태적 · 경관적 · 예술적 · 역사적 · 정서적 · 학술적으로 보존가치가 높은 산림문화자산일 것

2. 무형산림문화자산: 전설 · 전통의식 · 민요 · 민간신앙 · 민속 · 기술 등 형체를 갖추지 아니한 것으로서 예술적 · 역사적 · 학술적으로 보존가치가 높은 산림문화자산일 것

② 법 제29조제1항에 따른 국가 산림문화자산 및 시 · 도 산림문화자산의 지정은 다음 각 호의 기준에 따른다.

1. 국가 산림문화자산: 다음 각 목의 산림문화자산

가. 국유림 안에 소재하는 산림문화자산

나. 둘 이상의 시 · 도에 걸쳐있는 산림문화자산

다. 시 · 도지사가 국가 산림문화자산으로 지정하여줄 것을 산림청장에게 신청하는 시 · 도 산림문화자산

라. 그 밖에 국가적 차원에서 지정 · 관리가 필요하다고 산림청장이 인정하는 산림문화자산

2. 시 · 도 산림문화자산: 제1호 외의 산림문화자산

③ 산림청장 또는 시 · 도지사는 제1항 및 제2항에 따라 산림문화자산을 지정하려면 관계 행정기관의 장 및 관련 분야 전문가의 의견을 들어야 한다.

④ 제1항부터 제3항까지의 규정에 따른 산림문화자산의 지정기준 및 지정방법 등에 관하여 필요한 세부사항은 산림청장이 정한다.

[전문개정 2010. 9. 17.]

제14조의2(산림문화자산의 지정 예정 공고) ① 법 제29조제2항에 따른 산림문화자산의 지정을 위한 공고사항은 다음 각 호와 같다. 〈개정 2015. 12. 31.〉

1. 산림문화자산의 종류 · 명칭 · 수량 등에 관한 사항

2. 지정 목적 및 지정 사유 등에 관한 사항

3. 산림문화자산의 소재지 등에 관한 사항

4. 의견제출 등에 관한 사항

5. 그 밖에 산림문화자산의 지정 및 의견수렴 등을 위하여 산림청장이 필요하다고 인정하는 사항

② 제1항에 따른 공고에 대하여 의견을 제출하려는 자는 그 공고일부터 30일 이내에 산림청장 또는 시 · 도지사에게 제출하여야 한다.

③ 산림청장 또는 시·도지사는 제2항에 따른 의견을 받은 경우에는 20일 이내에 그 의견에 대한 처리결과를 의견제출자에게 통지하여야 한다.

[본조신설 2010. 9. 17.]

제14조의3(산림문화자산의 지정해제를 위한 공용시설 등) 법 제29조제3항제3호에서 "대통령령으로 정하는 공용·공공용 시설"이란 다음 각 호의 시설을 말한다.

1. 사방시설·하천·제방 및 그 밖에 이에 준하는 국토보전시설

2. 전기·방송·통신 시설 및 전력·석유·가스 공급시설

3. 제1호 및 제2호와 유사한 시설로서 산림청장이 지정하는 시설

[본조신설 2010. 9. 17.]

제14조의4(지정산림문화자산의 보호·관리) ① 산림청장 또는 시·도지사는 법 제30조제2항에 따라 지정산림문화자산의 소유자 또는 관리인에게 다음 각 호의 비용을 예산의 범위에서 지원할 수 있다.

1. 지정산림문화자산의 보호·관리를 위한 시설의 설치·운영에 드는 비용

2. 지정산림문화자산의 유지·관리를 위한 비용

3. 지정산림문화자산의 복구·복원에 드는 비용

4. 그 밖에 지정산림문화자산을 보호·관리하기 위하여 산림청장이 필요하다고 인정하는 비용

② 지정산림문화자산의 소유자 또는 관리인이 제1항에 따른 지원을 받으려면 농림축산식품부령으로 정하는 바에 따라 산림청장 또는 시·도지사에게 신청하여야 한다. 〈개정 2013. 3. 23.〉

③ 산림청장 또는 시·도지사는 제2항에 따른 신청이 있으면 그 신청일부터 30일 이내에 지원 여부 및 지원규모 등을 신청인에게 통지하여야 한다.

④ 법 제30조제4항에 따른 지정산림문화자산의 보호·관리 실태에 대한 점검(이하 이 조에서 "실태점검"이라 한다)의 내용은 다음 각 호와 같다. 〈개정 2020. 8. 19.〉

1. 지정산림문화자산의 소유자·관리인 현황

2. 지정산림문화자산의 복원·복구 등 보호·관리 조치 현황

3. 지정산림문화자산의 보호·관리를 위한 시설·장비의 설치·운영 현황

4. 그 밖에 산림청장 또는 시·도지사가 필요하다고 인정하는 사항

⑤ 산림청장 또는 시·도지사는 실태점검을 매년 1회 이상 실시한다. 〈신설 2020. 8. 19.〉

⑥ 시·도지사는 실태점검 결과 및 점검사항의 조치결과를 매년 12월 31일까지 산림청장에게 보고해야 한다. 〈신설 2020. 8. 19.〉

[본조신설 2010. 9. 17.]

제14조의5(지정산림문화자산의 보관 시설) 법 제31조제2항에서 "대통령령으로 정하는 시설"이란 국가 또는 지방자치단체가 운영하는 다음 각 호의 시설을 말한다.

1. 「수목원·정원의 조성 및 진흥에 관한 법률」 제2조제1호 및 제1호의2에 따른 수목원 및 정원

2. 별표 1의4 제1호라목에 따른 산림박물관

3. 그 밖에 시설의 위치·특성 및 규모 등을 고려하여 산림청장이

지정하여 고시하는 시설

[본조신설 2020. 8. 19.]

제7장 보칙 〈개정 2010. 9. 17.〉

제15조(권한의 위임) ① 산림청장은 법 제34조에 따라 다음 각 호의 권한을 지방산림청장, 국립산림과학원장, 국립수목원장, 국립산림품종관리센터장, 국립자연휴양림관리소장 또는 지방산림청 국유림관리소장에게 위임한다. 다만, 제3호는 국립수목원장, 국립산림품종관리센터장 및 국립자연휴양림관리소장에게 각각 위임하지 않는다. 〈개정 2011. 9. 6., 2015. 12. 31., 2016. 11. 22., 2018. 8. 14., 2020. 8. 19., 2020. 12. 8., 2024. 1. 4.〉

1. 삭제 〈2012. 7. 24.〉
2. 삭제 〈2012. 7. 24.〉
3. 법 제22조의3제6항에 따른 숲길의 예정노선 및 그 주변 산림의 현황과 이미 조성한 숲길의 운영·관리 실태조사
4. 삭제 〈2011. 9. 6.〉
5. 삭제 〈2011. 9. 6.〉
6. 법 제30조제1항 및 제2항에 따른 지정산림문화자산의 보호·관리, 관리인의 지정, 소유자·관리자 등에 대한 명령 및 보호·관리 비용의 지원
7. 법 제30조제4항에 따른 지정산림문화자산의 보호·관리 실태에 대한 점검의 실시
8. 법 제31조제1항에 따른 지정산림문화자산 및 토지 등의 매수

9. 법 제38조제3항 및 같은 조 제4항제3호부터 제6호까지의 규정에 따른 과태료의 부과ㆍ징수

② 산림청장은 법 제34조에 따라 다음 각 호의 권한을 지방산림청장 및 국립자연휴양림관리소장에게 위임한다. <개정 2015. 12. 31., 2018. 8. 14., 2020. 8. 19.>

1. 법 제4조제3항ㆍ제4항ㆍ제6항 및 제7항에 따른 지역계획의 수립ㆍ변경 및 시행

2. 법 제5조제1항에 따른 지역계획의 수립 또는 변경을 위한 기초조사의 실시

3. 삭제 <2024. 11. 5.>

③ 산림청장은 법 제34조에 따라 법 제20조제1항에 따른 산림욕장, 치유의 숲 및 산림레포츠시설의 조성에 관한 권한을 지방산림청장에게 위임한다. <신설 2024. 11. 5.>

④ 산림청장은 법 제34조에 따라 다음 각 호의 권한을 국립자연휴양림관리소장에게 위임한다. <개정 2015. 12. 31., 2018. 8. 14., 2020. 8. 19., 2024. 1. 4., 2024. 11. 5.>

1. 법 제14조제1항에 따른 국유 자연휴양림의 조성

2. 법 제18조제1항 및 제5항에 따른 국유 자연휴양림 휴식년제의 실시 및 휴식년제를 실시하는 국유 자연휴양림에의 출입 허가

3. 법 제20조제1항에 따른 숲속야영장의 조성

3의2. 법 제21조의5에 따른 국유 자연휴양림 이용료의 징수

4. 법 제38조제4항제2호에 따른 과태료의 부과ㆍ징수

⑤ 산림청장은 법 제34조에 따라 법 제21조의2에 따른 타당성평

가에 관한 권한을 다음 각 호의 기준에 따라 지방산림청장·국립자연휴양림관리소장 또는 특별자치시장·특별자치도지사·시장·군수·구청장에게 위임한다. 〈개정 2015. 12. 31., 2017. 6. 27., 2024. 11. 5.〉

1. 지방산림청장: 법 제20조제1항에 따라 국유림에 조성되는 산림욕장, 치유의 숲 및 산림레포츠시설

1의2. 국립자연휴양림관리소장: 법 제13조제1항에 따라 지정되는 국유 자연휴양림 및 법 제20조제1항에 따라 국유림에 조성되는 숲속야영장

2. 특별자치시장·특별자치도지사·시장·군수·구청장: 법 제13조제2항에 따라 지정되는 자연휴양림

⑥ 시·도지사는 법 제34조에 따라 다음 각 호의 권한을 시장·군수·구청장에게 위임한다. 〈신설 2014. 12. 3., 2016. 11. 22., 2020. 8. 19.〉

1. 법 제30조제1항 및 제2항에 따른 지정산림문화자산의 보호·관리, 관리인의 지정, 소유자·관리인에 대한 명령 및 보호·관리 비용의 지원

2. 법 제30조제4항에 따른 지정산림문화자산의 보호·관리 실태에 대한 점검의 실시

3. 법 제31조제1항에 따른 지정산림문화자산 및 토지 등의 매수

4. 법 제21조의2제1항제3호에 따른 타당성 평가

[전문개정 2010. 9. 17.]

제15조의2(규제의 재검토) 산림청장은 다음 각 호의 사항에 대하여

다음 각 호의 기준일을 기준으로 3년마다(매 3년이 되는 해의 기준일과 같은 날 전까지를 말한다) 그 타당성을 검토하여 개선 등의 조치를 해야 한다. 〈개정 2015. 12. 31., 2016. 12. 30., 2023. 6. 7.〉

1. 제4조의3 및 별표 1에 따른 산림치유지도사의 등급별 자격기준: 2017년 1월 1일

2. 삭제 〈2016. 12. 30.〉

3. 제4조의5제1항에 따른 산림치유지도사 양성기관으로 지정할 수 있는 기관의 범위: 2017년 1월 1일

4. 제9조의5제1항제3호나목에 따른 치유의 숲을 조성할 수 있는 산림의 기준: 2017년 1월 1일

5. 제9조의7에 따른 숲경영체험림조성계획의 승인 요건: 2023년 1월 1일

6. 제9조의8 및 별표 3의4에 따른 숲경영체험림에 설치할 수 있는 시설의 종류 및 기준: 2023년 1월 1일

[본조신설 2014. 12. 9.]

제8장 벌칙 〈신설 2010. 9. 17.〉

제16조(과태료의 부과기준) 법 제38조제1항부터 제4항까지의 규정에 따른 과태료의 부과기준은 별표 4와 같다. 〈개정 2016. 8. 29., 2020. 6. 2., 2024. 1. 4.〉

[본조신설 2010. 9. 17.]

부칙 〈제19641호, 2006. 8. 4.〉

①(시행일) 이 영은 2006년 8월 5일부터 시행한다.

②(다른 법령과의 관계) 이 영 시행당시 다른 법령에서 종전의 「산림법 시행령」 또는 그 규정을 인용하고 있는 경우에 이 영 중 그에 해당하는 규정이 있는 때에는 종전의 규정에 갈음하여 이 영 또는 이 영의 해당규정을 인용한 것으로 본다.

부칙 〈제20696호, 2008. 2. 29.〉 (산림청과 그 소속기관 직제)

제1조(시행일) 이 영은 공포한 날부터 시행한다.

제2조 생략

제3조(다른 법령의 개정) ① 부터 ③ 까지 생략

④ 산림문화·휴양에 관한 법률 시행령 일부를 다음과 같이 개정한다.

제6조제3호, 제7조제1항제7호, 제8조제3호, 제9조제1항제5호 및 제15조제3항 중 "농림부령"을 각각 "농림수산식품부령"으로 한다.

⑤ 부터 ⑫ 까지 생략

부칙 〈제20812호, 2008. 6. 11.〉

이 영은 2008년 6월 22일부터 시행한다.

부칙 〈제22381호, 2010. 9. 17.〉

제1조(시행일) 이 영은 2010년 9월 18일부터 시행한다.

제2조(자연휴양림 등의 위탁기간에 관한 적용례) 제10조제2항의 개

정규정은 이 영 시행 후 최초로 위탁계약을 체결하거나 연장계약을 체결하는 것부터 적용한다.

제3조(자연휴양림의 지정기준에 관한 경과조치) 이 영 시행 당시 자연휴양림의 지정절차(산림청장이 소관 국유림에 대하여 직접 지정하는 경우는 제외한다)가 진행 중인 경우에는 제6조의 개정규정에 불구하고 종전의 자연휴양림 지정기준에 따른다.

제4조(과태료의 부과기준에 관한 경과조치) 이 영 시행 전의 위반행위에 대하여 과태료의 부과기준을 적용할 때에는 종전의 예에 따른다.

부칙 〈제22454호, 2010. 10. 18.〉 (산림청과 그 소속기관 직제)

제1조(시행일) 이 영은 공포한 날부터 시행한다.

제2조(다른 법령의 개정) ① 및 ② 생략

③ 산림문화·휴양에 관한 법률 시행령 일부를 다음과 같이 개정한다.

제12조제1항 중 "산림항공관리본부"를 "산림항공본부"로 한다.

제15조제3항 중 "산림항공관리본부장"을 "산림항공본부장"으로 한다.

④ 및 ⑤ 생략

부칙 〈제23123호, 2011. 9. 6.〉

제1조(시행일) 이 영은 2011년 9월 10일부터 시행한다.

제2조(과태료에 관한 경과조치) ① 이 영 시행 전의 위반행위에 대하여 과태료의 부과기준을 적용할 때에는 별표 4의 개정규정에도

불구하고 종전의 규정에 따른다.

② 이 영 시행 전의 위반행위로 받은 과태료 부과처분은 별표 4의 개정규정에 따른 위반행위의 횟수 산정에 포함하지 아니한다.

부칙 〈제23492호, 2012. 1. 6.〉

이 영은 2012년 1월 15일부터 시행한다.

부칙 〈제23565호, 2012. 1. 26.〉 (특수임무유공자 예우 및 단체설립에 관한 법률 시행령)

제1조(시행일) 이 영은 공포한 날부터 시행한다.

제2조(다른 법령의 개정) ①부터 ⑤까지 생략

⑥ 산림문화·휴양에 관한 법률 시행령 일부를 다음과 같이 개정한다.

제8조제2항제10호 중 "「특수임무수행자 지원 및 단체설립에 관한 법률」"을 "「특수임무유공자 예우 및 단체설립에 관한 법률」"로, "특수임무수행자"를 "특수임무유공자"로 한다.

⑦ 생략

제3조 생략

부칙 〈제23984호, 2012. 7. 24.〉 (산림교육의 활성화에 관한 법률 시행령)

제1조(시행일) 이 영은 2012년 7월 26일부터 시행한다.

제2조(다른 법령의 개정) 산림문화·휴양에 관한 법률 시행령 일부

를 다음과 같이 개정한다.

제4조의2를 삭제한다.

제5조를 삭제한다.

제14조의4제4항제2호 중 “별표 1”을 “별표 1의2”로 한다.

제15조제1항제1호 및 제2호를 각각 삭제한다.

별표 4 제2호가목을 삭제한다.

제3조 생략

부칙 〈제24452호, 2013. 3. 23.〉 (산림청과 그 소속기관 직제)

제1조(시행일) 이 영은 공포한 날부터 시행한다.

제2조 생략

제3조(다른 법령의 개정) ①부터 ④까지 생략

⑤ 산림문화·휴양에 관한 법률 시행령 일부를 다음과 같이 개정한다.

제4조의3제2항, 제4조의5제2항·제3항 및 제14조의4제2항 중 “농림수산식품부령”을 각각 “농림축산식품부령”으로 한다.

⑥부터 ⑫까지 생략

부칙 〈제25598호, 2014. 9. 11.〉

이 영은 공포한 날부터 시행한다.

부칙 〈제25803호, 2014. 12. 3.〉

제1조(시행일) 이 영은 공포한 날부터 시행한다.
제2조(자연휴양림 휴양시설의 설치기준에 관한 경과조치) 이 영 시행 전에 자연휴양림조성계획의 승인을 받고 휴양시설을 설치한 자로서 별표 1의2 제2호마목의 개정규정에 따른 설치기준에 미달하는 자는 이 영 시행 이후 1년 이내에 같은 표의 개정규정에 적합하도록 하여야 한다.

부칙 〈제25840호, 2014. 12. 9.〉 (규제 재검토기한 설정 등 규제정비를 위한 건축법 시행령 등 일부개정령)
제1조(시행일) 이 영은 2015년 1월 1일부터 시행한다.
제2조 부터 제16조까지 생략

부칙 〈제26416호, 2015. 7. 20.〉 (수목원·정원의 조성 및 진흥에 관한 법률 시행령)
제1조(시행일) 이 영은 2015년 7월 21일부터 시행한다.
제2조(다른 법령의 개정) ①부터 ⑤까지 생략
⑥ 산림문화·휴양에 관한 법률 시행령 일부를 다음과 같이 개정한다.
제14조의4제4항제1호를 다음과 같이 한다.
1. 「수목원·정원의 조성 및 진흥에 관한 법률」 제2조제1호 및 제1호의2에 따른 수목원 및 정원
⑦부터 ⑬까지 생략
제3조 생략

부칙 〈제26842호, 2015. 12. 31.〉

이 영은 2016년 1월 21일부터 시행한다. 다만, 제4조제2호의2 및 제9조의6제2호의 개정규정은 2016년 3월 28일부터 시행한다.

부칙 〈제26944호, 2016. 2. 3.〉 (공무원 인재개발법 시행령)

제1조(시행일) 이 영은 공포한 날부터 시행한다.

제2조 생략

제3조(다른 법령의 개정) ①부터 ⑫까지 생략

⑬ 산림문화·휴양에 관한 법률 시행령 일부를 다음과 같이 개정한다.

제4조의5제1항제2호 중 "「공무원 교육훈련법」 제3조제1항에 따른 중앙공무원교육원"을 "「공무원 인재개발법」 제3조제1항에 따른 국가공무원인재개발원"으로 한다.

⑭부터 ㉓까지 생략

제4조 생략

부칙 〈제27252호, 2016. 6. 21.〉 (참전유공자 예우 및 단체설립에 관한 법률 시행령)

제1조(시행일) 이 영은 2016년 6월 23일부터 시행한다.

제2조(다른 법령의 개정) ①부터 ⑨까지 생략

⑩ 산림문화·휴양에 관한 법률 시행령 일부를 다음과 같이 개정한다.

제9조의7제2항제9호 중 "「참전유공자예우 및 단체설립에 관한 법

률」"을 "「참전유공자 예우 및 단체설립에 관한 법률」"로 한다.

⑪부터 ⑯까지 생략

부칙 〈제27465호, 2016. 8. 29.〉

제1조(시행일) 이 영은 2016년 8월 30일부터 시행한다.

제2조(다른 법령의 개정) 산림보호법 시행령 일부를 다음과 같이 개정한다.

별표 4 제2호다목을 다음과 같이 한다.

다. 법 제16조제1호를 위반하여 산림에 오물이나 쓰레기를 버린 경우	법 제57조제3항제1호			
1) 사업장이나 가정 등에서 배출된 다량의 오물이나 쓰레기를 버린 경우		50	70	100
2) 그 밖의 오물이나 쓰레기를 버린 경우		10	15	20

부칙 〈제27596호, 2016. 11. 22.〉

이 영은 공포한 날부터 시행한다.

부칙 〈제27751호, 2016. 12. 30.〉 (규제 재검토기한 설정 등을 위한 가맹사업거래의 공정화에 관한 법률 시행령 등 일부개정령)

제1조(시행일) 이 영은 2017년 1월 1일부터 시행한다. 〈단서 생략〉

제2조 부터 제12조까지 생략

부칙 〈제28155호, 2017. 6. 27.〉

이 영은 2017년 6월 28일부터 시행한다. 다만, 제10조제1항, 제15조제5항, 별표 1의2 제1호라목, 별표 2 제1호다목, 별표 3 제1호가목 및 별표 3의2 제1호라목의 개정규정은 공포한 날부터 시행한다.

부칙 〈제28545호, 2017. 12. 29.〉

제1조(시행일) 이 영은 공포한 날부터 시행한다.

제2조(자연휴양림등의 위탁에 관한 경과조치) 이 영 시행 당시 법 제22조에 따라 자연휴양림등의 조성 또는 관리를 위탁받은 단체에 대해서는 제10조제1항제4호의 개정규정에도 불구하고 그 위탁기간이 만료할 때까지(이 영 시행 당시 위탁기간이 1년 이상 남은 경우에는 이 영 시행일부터 1년이 되는 날까지를 말한다) 종전의 규정에 따른다.

부칙 〈제29094호, 2018. 8. 14.〉

제1조(시행일) 이 영은 2018년 8월 22일부터 시행한다.

제2조(자연휴양림시설의 설치기준에 관한 경과조치) ① 이 영 시행 전에 자연휴양림조성계획의 승인 또는 변경승인을 신청한 경우에는 별표 1의2 제2호나목의 개정규정에도 불구하고 종전의 규정을 적용한다.

② 이 영 시행 전에 자연휴양림에 휴게음식점영업소를 2개소 이상 설치하거나 일반음식점영업소를 2개소 이상 설치한 경우에는 별표 1의2 제2호나목의 개정규정에도 불구하고 이 영에 따른 자연휴양림시설의 설치기준을 갖춘 것으로 본다.

부칙 〈제29450호, 2018. 12. 31.〉 (장애인복지법 시행령)

제1조(시행일) 이 영은 2019년 7월 1일부터 시행한다.

제2조(다른 법령의 개정) ① 및 ② 생략

③ 산림문화·휴양에 관한 법률 시행령 일부를 다음과 같이 개정한다.

제9조의7제2항제5호 중 “장애등급이 제1급부터 제3급까지의 장애인”을 “장애의 정도가 심한 장애인”으로 한다.

④부터 ⑫까지 생략

제3조 생략

부칙 〈제29950호, 2019. 7. 2.〉 (어려운 법령용어 정비를 위한 210개 법령의 일부개정에 관한 대통령령)

이 영은 공포한 날부터 시행한다. 〈단서 생략〉

부칙 〈제29972호, 2019. 7. 9.〉 (유연한 분류체계 등 규제혁신을 위한 31개 법령의 일부개정에 관한 대통령령)

이 영은 공포한 날부터 시행한다.

부칙 〈제30740호, 2020. 6. 2.〉

이 영은 2020년 6월 4일부터 시행한다.

부칙 〈제30947호, 2020. 8. 19.〉

이 영은 2020년 8월 19일부터 시행한다. 다만, 제4조, 제15조제1항제9호 및 같은 조 제4항제4호의 개정규정은 공포한 날부터 시행한다.

부칙 〈제31235호, 2020. 12. 8.〉

이 영은 2020년 12월 10일부터 시행한다.

부칙 〈제31614호, 2021. 4. 6.〉 (5·18민주유공자예우 및 단체설립에 관한 법률 시행령)

제1조(시행일) 이 영은 2021년 4월 6일부터 시행한다.

제2조(다른 법령의 개정) ①부터 ⑰까지 생략

⑱ 산림문화·휴양에 관한 법률 시행령 일부를 다음과 같이 개정한다.

제9조의7제2항제8호 중 "「5·18민주유공자예우에 관한 법률」"을 "「5·18민주유공자예우 및 단체설립에 관한 법률」"로 한다.

⑲부터 ㊱까지 생략

제3조 생략

부칙 〈제31803호, 2021. 6. 22.〉 (섬 발전 촉진법 시행령)

제1조(시행일) 이 영은 2021년 6월 23일부터 시행한다.

제2조(다른 법령의 개정) ①부터 ③까지 생략

④ 산림문화·휴양에 관한 법률 시행령 일부를 다음과 같이 개정한다.

제9조의5제1항제3호가목 단서 및 같은 호 나목 단서 중 "「도서개발 촉진법」 제2조에 따른 도서 지역"을 각각 "「섬 발전 촉진법」 제2조에 따른 섬지역"으로 한다.

⑤부터 ⑬까지 생략

제3조 생략

부칙 〈제32447호, 2022. 2. 17.〉 (국민 평생 직업능력 개발법 시행령)

제1조(시행일) 이 영은 2022년 2월 18일부터 시행한다.

제2조(다른 법령의 개정) ①부터 ㉝까지 생략

㉞ 산림문화·휴양에 관한 법률 시행령 일부를 다음과 같이 개정한다.

제4조의5제1항제3호 중 "「근로자직업능력 개발법」"을 "「국민 평생 직업능력 개발법」"으로 한다.

㉟부터 〈72〉까지 생략

제3조 생략

부칙 〈제33004호, 2022. 11. 29.〉 (소방시설 설치 및 관리에 관한 법률 시행령)

제1조(시행일) 이 영은 2022년 12월 1일부터 시행한다. 〈단서 생략〉

제2조 부터 제15조까지 생략

제16조(다른 법령의 개정) ①부터 ⑱까지 생략

⑲ 산림문화·휴양에 관한 법률 시행령 일부를 다음과 같이 개정한다.

별표 1의2 제1호바목 중 "「화재예방, 소방시설 설치·유지 및 안전관리에 관한 법률」"을 "「소방시설 설치 및 관리에 관한 법률」"로, "제9조제1항"을 "제12조제1항"으로 한다.

⑳부터 ㊴까지 생략
제17조 생략

부칙 〈제33366호, 2023. 3. 28.〉 (유연한 분류체계 등 규제 혁신을 위한 9개 법령의 일부개정에 관한 대통령령)
이 영은 공포한 날부터 시행한다.

부칙 〈제33382호, 2023. 4. 11.〉 (국가보훈부와 그 소속기관 직제)
제1조(시행일) 이 영은 2023년 6월 5일부터 시행한다.
제2조 부터 제4조까지 생략
제5조(다른 법령의 개정) ①부터 〈51〉까지 생략
〈52〉 산림문화·휴양에 관한 법률 시행령 일부를 다음과 같이 개정한다.
제9조의7제2항제10호의2 중 "국가보훈처장"을 "국가보훈부장관"으로 한다.
〈53〉부터 〈73〉까지 생략

부칙 〈제33397호, 2023. 4. 11.〉
제1조(시행일) 이 영은 공포한 날부터 시행한다.
제2조(숲속야영장에 설치할 수 있는 시설의 종류 및 기준에 관한 적용례) ① 별표 3의2 제1호 비고 제1호 단서 및 같은 표 제2호나목 1)라)의 개정규정은 이 영 시행 전에 숲속야영장에 설치된 숲속의

집에 이 영 시행 이후 위생시설을 설치하는 경우에도 적용한다.

② 별표 3의2 제1호 비고 제2호의 개정규정은 이 영 시행 이후 법 제20조제1항에 따라 숲속야영장에 필요한 시설 등의 조성계획을 작성·변경작성하는 경우 또는 같은 조 제2항에 따라 숲속야영장에 필요한 시설 등의 조성계획의 승인·변경승인을 신청하는 경우부터 적용한다.

부칙 〈제33511호, 2023. 6. 7.〉

이 영은 2023년 6월 11일부터 시행한다.

부칙 〈제33582호, 2023. 6. 27.〉 (산림자원의 조성 및 관리에 관한 법률 시행령)

제1조(시행일) 이 영은 2023년 6월 28일부터 시행한다.

제2조(다른 법령의 개정) ① 생략

② 산림문화·휴양에 관한 법률 시행령 일부를 다음과 같이 개정한다.

제9조의6제4호 및 제11조의4제1항제3호 중 "별표 1"을 각각 "별표 2"로 한다.

③부터 ⑥까지 생략

부칙 〈제34098호, 2024. 1. 4.〉

이 영은 공포한 날부터 시행한다.

부칙 〈제34440호, 2024. 4. 23.〉

이 영은 2024년 5월 1일부터 시행한다.

부칙 〈제34982호, 2024. 11. 5.〉

이 영은 공포한 날부터 시행한다.

부칙 〈제35623호, 2025. 7. 1.〉

이 영은 공포한 날부터 시행한다.

별표 / 서식

[별표 1] 산림치유지도사의 등급별 자격기준(제4조의3제1항 관련)

[별표 1의2] 산림치유지도사 양성기관 지정요건(제4조의5제2항 관련)

[별표 1의3] 산림레포츠지도사의 종목별 자격기준(제5조 관련)

[별표 1의4] 자연휴양림시설의 종류 및 설치기준(제7조제1항 관련)

[별표 2] 산림욕장시설의 종류 및 설치기준(제9조제1항 관련)

[별표 3] 치유의 숲시설의 종류 및 설치기준(제9조의2제2항 관련)

[별표 3의2] 숲속야영장에 설치할 수 있는 시설의 종류 및 기준(제9조의3제1항 관련)

[별표 3의3] 산림레포츠시설의 종류 및 기준(제9조의4제1항 관련)

[별표 3의4] 숲경영체험림에 설치할 수 있는 시설의 종류 및 기준(제9조의8 관련)

[별표 3의5] 국가숲길의 지정기준(제11조의6제1항 관련)

[별표 3의6] 전문기관의 지정요건(제13조의2제1항 관련)

[별표 3의7] 전문기관의 지정 취소 및 업무 정지 처분의 세부기준 (제13조의2제4항 관련)

[별표 4] 과태료의 부과기준(제16조 관련)

산림문화 · 휴양에 관한 법률 시행규칙

(약칭 : 산림휴양법 시행규칙)

[시행 2024. 5. 1.] [농림축산식품부령 제652호, 2024. 5. 1., 일부개정]

**개정 예정 법률 밑줄 별도 표시.

산림문화 · 휴양에 관한 법률 시행규칙

(약칭 : 산림휴양법 시행규칙)

[시행 2024. 5. 1.] [농림축산식품부령 제652호, 2024. 5. 1., 일부개정]

제1장 총칙

제1조(목적) 이 규칙은 「산림문화 · 휴양에 관한 법률」 및 같은 법 시행령에서 위임된 사항과 그 시행에 관하여 필요한 사항을 규정함을 목적으로 한다. 〈개정 2020. 12. 21.〉

제2장 산림문화 · 휴양 교육프로그램 및 교육과정의 인증 등

제2조 삭제 〈2012. 7. 27.〉

제3조 삭제 〈2012. 7. 27.〉

제4조 삭제 〈2012. 7. 27.〉

제5조 삭제 〈2012. 7. 27.〉

제6조 삭제 〈2012. 7. 27.〉

제7조 삭제 〈2012. 7. 27.〉

제8조 삭제 〈2012. 7. 27.〉

제9조 삭제 〈2012. 7. 27.〉

제10조 삭제 〈2012. 7. 27.〉

제11조 삭제 〈2012. 7. 27.〉

제12조(산림치유지도사 자격증 발급절차 등) ① 「산림문화 · 휴양에 관한 법률」(이하 "법"이라 한다) 제11조의2제2항에 따라 산림치유를 지도하는 사람(이하 "산림치유지도사"라 한다)의 자격증을 발급받으려는 사람은 별지 제3호의2서식의 산림치유지도사 자격증 발급신청서에 다음 각 호의 서류를 첨부하여 산림청장에게 제출하여야 한다. 〈개정 2018. 8. 21., 2020. 6. 4.〉

1. 최종학력 증명서
2. 경력증명서
3. 「가족관계의 등록 등에 관한 법률」에 따른 신청인의 기본증명서
4. 「산림문화 · 휴양에 관한 법률 시행령」(이하 "영" 이라 한다) 제4조의5제4항에 따라 지정된 산림치유지도사 양성기관(이하 "양성기관"이라 한다)에서 발급한 이수증명서

② 산림청장은 제1항에 따라 발급받은 서류를 검토하여 영 별표 1에 따른 산림치유지도사 자격기준에 맞는 경우에는 별지 제3호의3서식의 산림치유지도사 자격증을 발급하고, 이를 별지 제3호의4서식의 산림치유지도사 자격증 발급대장에 적어야 한다.

③ 산림치유지도사가 제2항에 따라 발급받은 산림치유지도사 자격증을 잃어버리거나 자격증이 헐어 못쓰게 되거나 자격증의 기재사항이 변경되어 산림치유지도사 자격증을 재발급받으려는 경우에는 별지 제3호의5서식의 산림치유지도사 자격증 재발급신청서에 다음 각 호의 서류를 첨부하여 산림청장에게 제출하여야 한다.

1. 산림치유지도사 자격증(자격증을 잃어버린 경우는 제외한다)

2.「가족관계의 등록 등에 관한 법률」에 따른 신청인의 기본증명서(자격증의 기재사항 중 성명이 변경된 경우만 해당한다)

④ 법 제11조의2제8항에서 "농림축산식품부령으로 정하는 전문기관 또는 단체"란 「산림복지 진흥에 관한 법률」 제49조에 따른 한국산림복지진흥원을 말한다. 〈신설 2024. 1. 10.〉

[본조신설 2012. 1. 13.]

제12조의2(산림치유 프로그램의 범위) ① 법 제11조의2제3항에서 "농림축산식품부령으로 정하는 산림치유 프로그램"이란 다음 각 호의 프로그램을 말한다. 〈개정 2013. 3. 23., 2020. 6. 4.〉

1. 자연의 다양한 요소와의 접촉·관찰 등 체험프로그램

2. 보행·등산·체조 등 운동프로그램

3. 휴식·놀이 등 여가프로그램

② 제1항에 따른 산림치유 프로그램에 대한 산림치유지도사의 업무범위는 별표 3과 같다.

[본조신설 2012. 1. 13.]

제12조의3(양성기관의 지정신청 등) ① 법 제11조의4제1항에 따라 양성기관으로 지정받으려는 자는 별지 제3호의6서식의 산림치유지도사 양성기관 지정신청서에 다음 각 호의 서류를 첨부하여 산림청장에게 제출해야 한다. 〈개정 2020. 6. 4.〉

1. 교육시설·교육장비 현황 및 확보계획서

2. 교육·운영 인력 현황 및 확보계획서

3. 교육과정 편성·운영계획서

4. 삭제 <2020. 6. 4.>

② 영 제4조의5제4항에 따른 산림치유지도사 양성기관 지정서는 별지 제3호의7서식에 따른다. <개정 2020. 6. 4.>

③ 법 제11조의4제2항에서 "양성과정, 교육설비 및 장비 등 농림축산식품부령으로 정하는 사항"이란 다음 각 호의 사항을 말한다. <개정 2020. 6. 4.>

1. 영 별표 1의2에 따른 시설 및 장비, 인력, 교육과정

2. 기관명, 대표자, 소재지

④ 법 제11조의4제2항에 따른 변경신고를 하려는 자는 변경사유가 발생한 날부터 1개월 이내에 별지 제3호의8서식에 따른 변경신고서에 다음 각 호의 서류를 첨부하여 산림청장에게 제출해야 한다. <신설 2020. 6. 4.>

1. 산림치유지도사 양성기관 지정서

2. 변경사항을 증명할 수 있는 서류

⑤ 산림청장은 제4항에 따라 신고를 받으면 변경사항을 확인하고, 그 변경사항이 영 별표 1의2에 따른 지정요건에 맞다고 인정되는 경우에는 별지 제3호의7서식의 산림치유지도사 양성기관 지정서를 재발급해야 한다. <신설 2020. 6. 4.>

⑥ 법 제11조의4제4항에 따른 산림치유지도사 양성기관의 지정취소 및 시정명령의 세부기준은 별표 4의2와 같다. <신설 2015. 2. 11., 2020. 6. 4.>

⑦ 법 제11조의4제4항에 따라 산림치유지도사 양성기관의 지정이 취소된 자는 그 지정이 취소된 날부터 10일 이내에 영 제4조의5제

4항에 따라 발급받은 산림치유지도사 양성기관 지정서를 산림청장에게 반납해야 한다. 〈신설 2015. 2. 11., 2020. 6. 4.〉

⑧ 법 제11조의4제6항에 따른 산림치유지도사 양성교육의 내용·기간 등은 별표 5와 같다. 〈개정 2015. 2. 11., 2020. 6. 4.〉

[본조신설 2012. 1. 13.]

제12조의4(산림레포츠지도사 자격증 발급 등) ① 법 제12조제2항에 따라 산림레포츠지도사의 자격증을 발급받으려는 사람은 별지 제3호의9서식의 산림레포츠지도사 자격증 발급신청서에 영 별표 1의3에 따른 종목별 자격기준을 갖추었음을 증명하는 서류를 첨부하여 산림청장에게 제출해야 한다.

② 법 제12조제2항에 따른 산림레포츠지도사 자격증은 별지 제3호의10서식에 따른다.

③ 산림청장은 법 제12조제2항에 따라 산림레포츠지도사 자격증을 발급한 때에는 별지 제3호의11서식에 따른 산림레포츠지도사 자격증 발급대장을 작성·관리해야 한다.

[본조신설 2020. 6. 4.]

제12조의5(산림레포츠 프로그램의 개발·보급 등) 법 제12조제3항에서 "농림축산식품부령으로 정하는 산림레포츠 프로그램"이란 다음 각 호의 프로그램을 말한다.

1. 영 별표 1의3에 따른 산림레포츠지도사의 종목별 산림레포츠 프로그램

2. 산림레포츠 프로그램의 시행과 관련된 안전사고 예방 및 대처 등 안전교육 프로그램

[본조신설 2020. 6. 4.]

제3장 자연휴양림 및 산림욕장 등의 조성 등 〈개정 2010. 9. 17.〉

제13조(자연휴양림의 지정신청 등) ①법 제13조제2항 또는 제19조제1항에 따라 자연휴양림의 지정 또는 지정구역 변경을 신청하려는 자는 별지 제4호서식의 신청서에 다음 각 호의 서류를 첨부하여 시장·군수·구청장(자치구의 구청장을 말한다. 이하 같다)에게 제출해야 한다. 다만, 지정구역 변경신청의 경우 제5호에 따른 사전입지조사서는 새로 포함되는 구역만을 대상으로 하되, 지정구역 면적의 10분의 1 미만을 확장하는 경우(누적된 변경으로 확장되는 면적의 총합이 「자연환경보전법」 제7조에 따라 환경부장관과 협의된 자연휴양림 지정 면적의 10분의 1 이상인 경우는 제외한다)에는 사전입지조사서 제출을 생략할 수 있다. 〈개정 2012. 1. 13., 2013. 1. 23., 2024. 1. 10.〉

1. 지번·지목·지적·소유자별 토지조서 1부

2. 산림의 소유권 또는 사용·수익권을 증명할 수 있는 서류[국유림의 대부 또는 사용허가(이하 "대부등"이라 한다)를 받으려는 자가 대부등을 받으려는 산림에 대하여 자연휴양림의 지정을 신청하는 경우에는 「국유림의 경영 및 관리에 관한 법률」 제21조 및 같은 법 시행령 제17조에 따른 국유림의 대부등의 대상이 됨을 같은 법 시행규칙 제23조에 따른 관계기관장에게 확인받은 확인서를 말한다] 1부

3. 자연휴양림 예정지의 위치도(축적 2만5천분의 1) 및 구역도(축적 5천분의 1 또는 6천분의 1) 각 1부

4. 설치하고자 하는 주요시설 등 자연휴양림의 조성방향에 대한 개요서 1부

5.「자연환경보전법」 제7조에 따라 환경부장관과 협의에 필요한 사전입지조사서 9부

② 시장 · 군수 · 구청장은 제1항에 따른 신청서를 제출받은 경우에는 「전자정부법」 제36조제1항에 따른 행정정보의 공동이용을 통하여 법인 등기사항증명서(법인인 경우만 해당한다)를 확인하여야 한다. 〈개정 2010. 9. 17.〉

③ 제1항에 따라 신청서를 제출받은 시장 · 군수 · 구청장은 별지 제4호서식의 자연휴양림 지정 또는 지정구역 변경 신청서 및 제19조의3에 따른 타당성평가의 결과에 대한 서류를 특별시장 · 광역시장 · 특별자치시장 · 도지사 · 특별자치도지사(이하 "시 · 도지사"라 한다)를 경유하여 산림청장에게 제출하여야 한다. 〈개정 2010. 9. 17., 2013. 1. 23., 2016. 1. 27., 2024. 1. 10.〉

④제1항 내지 제3항은 산림청장이 소관 국유림에 자연휴양림을 지정하거나 지정구역을 변경하려는 경우에 이를 준용한다. 〈개정 2013. 1. 23.〉

제13조의2 삭제 〈2016. 1. 27.〉

제14조(자연휴양림조성계획의 작성 등) ① 법 제14조제1항 및 제2항에 따른 휴양시설 및 숲가꾸기 등의 조성계획(이하 "자연휴양림조성계획"이라 한다)에는 다음 각 호의 사항이 포함되어야 한다.

1. 시설물(도로를 포함한다)의 종류 · 규모 등이 표시된 시설계획

2. 시설물종합배치도(축척 6천분의1 이상 1천200분의1 이하 임야도)

3. 조성기간 및 연도별 투자계획

4. 자연휴양림의 관리 및 운영방법

5. 산림경영계획

② 법 제14조제2항에 따라 자연휴양림조성계획을 승인받으려는 자는 별지 제7호서식의 신청서에 제1항 각 호의 사항이 포함된 자연휴양림조성계획서를 첨부하여 시장 · 군수 · 구청장에게 제출하여야 한다. 다만, 승인받은 자연휴양림조성계획을 변경하려는 경우에는 별지 제7호서식의 신청서에 변경내용을 증명할 수 있는 서류를 첨부하여 시장 · 군수 · 구청장에게 제출하여야 한다.

③ 제2항에 따라 신청서를 제출받은 시장 · 군수 · 구청장은 현지조사를 실시하고 그 결과를 신청서와 함께 시 · 도지사에게 제출하여야 한다.

④ 제2항 및 제3항에도 불구하고 시장 · 군수 · 구청장이 직접 자연휴양림으로 지정된 산림에 휴양시설의 설치 및 숲가꾸기 등을 하려는 경우에는 자연휴양림조성계획을 작성하여 시 · 도지사에게 승인을 신청하여야 한다.

⑤ 자연휴양림조성계획의 승인신청을 받은 시 · 도지사는 시설의 종류 · 규모 · 배치, 자연경관의 보존, 산지의 형질변경 및 그 밖의 자연휴양림조성계획의 내용이 자연휴양림의 지정목적에 부합되는지를 검토하여 적합하다고 인정되면 그 신청을 승인하여야 한다.

⑥ 산림청장이 자연휴양림조성계획을 작성·변경작성하거나 시·도지사가 자연휴양림조성계획을 승인·변경승인한 경우에는 자연휴양림의 명칭·위치·면적, 시설물의 종류·규모가 표시된 시설계획, 시설물종합배치도, 연도별 투자계획 등을 고시하여야 한다.

[전문개정 2018. 8. 21.]

제15조(자연휴양림조성계획의 승인취소 신청) ① 자연휴양림조성계획의 승인을 받은 자가 법 제16조제1항제5호에 따라 스스로 승인의 취소를 신청하려는 경우에는 별지 제7호의2서식의 자연휴양림조성계획 승인취소 신청서를 시장·군수·구청장에게 제출해야 한다.

② 제1항에 따라 승인취소 신청서를 제출받은 시장·군수·구청장은 현지조사를 실시하고 그 결과를 승인취소 신청서와 함께 시·도지사에게 제출해야 한다.

[본조신설 2024. 1. 10.]

제16조 삭제 〈2010. 9. 17.〉

제17조(자연휴양림의 휴식년제 등) ①법 제18조제3항에서 “그 밖에 농림축산식품부령이 정하는 사항”이라 함은 다음 각 호와 같다. 〈개정 2008. 3. 3., 2013. 3. 23.〉

1. 자연휴양림의 명칭

2. 휴식년제 실시의 목적

3. 대체 자연휴양림의 이용 안내

4. 위반에 따른 제재사항

5. 그 밖에 지방자치단체의 장 또는 국립자연휴양림관리소장이 필요하다고 인정하는 사항

②법 제18조제5항 단서에서 “농림축산식품부령으로 정하는 사유”란 다음 각 호와 같다. 〈개정 2008. 3. 3., 2008. 10. 31., 2010. 3. 10., 2013. 3. 23., 2019. 9. 24., 2020. 12. 21.〉

1. 산불예방, 병해충방제 및 유해조수제거를 위한 출입
2. 군, 예비군 및 경찰의 작전업무수행을 위한 출입
3. 산림내 원주민의 일상생업에 필요한 출입
4. 「산림보호법 시행규칙」 제39조제2항 및 제6항에 따라 위촉된 숲사랑지도원 및 숲사랑지도위원의 산림보호활동을 위한 출입
5. 송·배전선로의 순시 및 유지·보수를 위한 출입

제18조(자연휴양림의 지정해제신청) ①법 제13조제2항에 따라 자연휴양림의 지정을 받은 자가 법 제19조제1항에 따라 자연휴양림의 지정해제를 신청하려는 경우에는 별지 제4호서식의 신청서를 시장·군수 또는 구청장에게 제출하여야 한다. 〈개정 2013. 1. 23., 2016. 1. 27.〉

②시장·군수·구청장은 제1항에 따른 신청서를 받은 때에는 의견서를 작성하여 시·도지사를 경유하여 산림청장에게 제출하여야 한다.

③제1항 및 제2항은 산림청 소관 국유림의 자연휴양림 지정해제에 대하여 준용한다. 〈개정 2013. 1. 23.〉

④ 제1항에 따라 신청서를 제출받은 시장·군수·구청장은 「전자정부법」 제36조제1항에 따른 행정정보의 공동이용을 통하여 토지등기사항증명서를 확인하여야 한다. 〈개정 2010. 9. 17., 2013. 1. 23.〉

[제목개정 2013. 1. 23.]

제19조(산림욕장등조성계획의 작성 등) ① 법 제20조제1항 및 제2항에 따른 산림욕장·치유의 숲·숲속야영장·산림레포츠시설(이하 "산림욕장등"이라 한다)에 필요한 시설 등의 조성계획(이하 "산림욕장등조성계획"이라 한다)에는 다음 각 호의 사항이 포함되어야 한다. 〈개정 2024. 1. 10.〉

1. 시설물(도로를 포함한다)의 종류·규모 등이 표시된 시설계획

2. 시설물종합배치도(축척 6천분의1 이상 1천200분의1 이하 임야도)

3. 조성기간 및 연도별 투자계획

4. 산림욕장등의 관리 및 운영방법

5. 산림경영계획

6. 「국유림의 경영 및 관리에 관한 법률」 제21조 및 같은 법 시행령 제17조에 따른 국유림의 대부등의 대상이 됨을 같은 법 시행규칙 제23조에 따른 관계기관장에게 확인받은 내용(국유림의 대부등을 받으려는 자가 대부등을 받으려는 산림을 산림욕장등으로 조성하려는 경우만 해당한다)

② 법 제20조제2항에 따라 산림욕장등조성계획을 승인받으려는 자는 별지 제8호서식의 신청서에 제1항 각 호의 사항이 포함된 산림욕장등조성계획서를 첨부하여 시장·군수·구청장에게 제출해야 한다. 다만, 승인받은 산림욕장등조성계획을 변경하려는 경우에는 별지 제8호서식의 신청서에 변경내용을 증명할 수 있는 서류를 첨부하여 시장·군수·구청장에게 제출해야 한다. 〈개정 2020. 12. 21.〉

③ 제2항에 따라 신청서를 제출받은 시장 · 군수 · 구청장은 현지조사를 실시하고 그 결과를 신청서와 함께 시 · 도지사에게 제출하여야 한다.

④ 제2항 및 제3항에도 불구하고 시장 · 군수 · 구청장이 직접 산림욕장등을 조성하려는 경우에는 산림욕장등조성계획을 작성하여 시 · 도지사에게 승인을 신청하여야 한다.

⑤ 산림욕장등조성계획의 승인신청을 받은 시 · 도지사는 시설의 종류 · 규모 · 배치, 자연경관의 보존, 산지의 형질변경 및 그 밖의 산림욕장등조성계획의 내용이 산림욕장등의 지정목적에 부합되는지를 검토하여 적합하다고 인정되면 그 신청을 승인하여야 한다.

⑥ 산림청장이 산림욕장등조성계획을 작성 · 변경작성하거나 시 · 도지사가 산림욕장등조성계획을 승인 · 변경승인한 경우에는 산림욕장등의 명칭 · 위치 · 면적, 시설물의 종류 · 규모가 표시된 시설계획, 시설물종합배치도, 연도별 투자계획 등을 고시하여야 한다.

[전문개정 2018. 8. 21.]

제19조의2(산림욕장등조성계획의 승인취소 신청) ① 산림욕장등조성계획의 승인을 받은 자가 법 제21조제1항제4호에 따라 스스로 승인의 취소를 신청하려는 경우에는 별지 제8호의3서식의 산림욕장등조성계획 승인취소 신청서를 시장 · 군수 · 구청장에게 제출해야 한다.

② 제1항에 따라 승인취소 신청서를 제출받은 시장 · 군수 · 구청장은 현지조사를 실시하고 그 결과를 승인취소 신청서와 함께 시 · 도지사에게 제출해야 한다.

[본조신설 2024. 1. 10.]

[종전 제19조의2는 제19조의3으로 이동 〈2024. 1. 10.〉]

제19조의3(타당성 평가) 법 제21조의2제4항에 따른 타당성 평가의 방법과 절차는 다음 각 호와 같다

1. 영 제9조의5제1항 각 호의 평가항목에 대한 평가를 실시하되, 산림청장이 정하여 고시하는 평가방식에 따라 평가할 것

2. 타당성 평가를 할 때에는 시·도지사 또는 관계분야 전문가의 의견을 들을 것

3. 제1호의 타당성 평가항목에 대한 평가 시 현지조사 결과서를 작성할 것

[본조신설 2016. 1. 27.]

[제19조의2에서 이동, 종전 제19조의3은 제19조의4로 이동 〈2024. 1. 10.〉]

제19조의4(숲경영체험림조성계획의 작성 등) ① 법 제21조의3제1항에 따른 숲경영체험림조성계획(이하 "숲경영체험림조성계획"이라 한다)에는 다음 각 호의 사항이 포함되어야 한다.

1. 시설물(도로를 포함한다)의 종류·규모 등이 표시된 시설계획

2. 시설물종합배치도(축척 6천분의1 이상 1천200분의1 이하 임야도)

3. 조성기간 및 연도별 투자계획

4. 숲경영체험림의 관리 및 운영 방법

5. 산림경영계획

② 법 제21조의3제1항에 따라 숲경영체험림조성계획을 승인받으려는 자는 별지 제8호의2서식의 신청서에 제1항 각 호의 사항이 포

함된 숲경영체험림조성계획서와 영 제9조의7제1항 각 호의 요건을 증명하는 서류를 첨부하여 시장 · 군수 · 구청장에게 제출해야 한다.

③ 법 제21조의3제1항에 따라 승인받은 숲경영체험림조성계획을 변경하려는 경우에는 별지 제8호의2서식의 신청서에 변경내용을 증명할 수 있는 서류를 첨부하여 시장 · 군수 · 구청장에게 제출해야 한다.

④ 제2항 및 제3항에 따라 신청서를 제출받은 시장 · 군수 · 구청장은 현지조사를 실시하고 시설의 종류 · 규모 · 배치, 자연경관의 보존, 산지의 형질변경 및 그 밖의 숲경영체험림조성계획의 내용이 숲경영체험림 조성목적에 부합되는지를 검토하여 적합하다고 인정되면 그 신청을 승인해야 한다.

⑤ 시장 · 군수 · 구청장이 숲경영체험림조성계획을 승인 · 변경승인한 경우에는 법 제21조의3제5항에 따라 숲경영체험림의 명칭 · 위치 · 면적, 시설물의 종류 · 규모가 표시된 시설계획, 시설물종합배치도, 연도별 투자계획 등을 고시해야 한다.

[본조신설 2023. 6. 8.]

[제19조의3에서 이동, 종전 제19조의4는 제19조의5로 이동 〈2024. 1. 10.〉]

제19조의5(자연휴양림의 지정신청 등에 대한 특례) 제13조제1항 · 제14조제2항 · 제18조제1항 · 제19조제2항 및 제19조의4제2항 · 제3항에도 불구하고 특별자치도(관할 구역 안에 지방자치단체인 시 · 군이 없는 특별자치도를 말한다)의 관할구역에서는 특별자치도지사에게, 특별자치시의 관할구역에서는 특별자치시장에게 자연휴양림의

지정, 자연휴양림조성계획의 승인·변경승인, 자연휴양림의 지정해제, 산림욕장등조성계획의 승인·변경승인 및 숲경영체험림조성계획의 승인·변경승인을 직접 신청해야 한다. 〈개정 2024. 1. 10.〉

[전문개정 2023. 6. 8.]

[제19조의4에서 이동, 종전 제19조의5는 제19조의6으로 이동 〈2024. 1. 10.〉]

제4장 숲길 등 〈개정 2011. 9. 8.〉

제19조의6(숲길기본계획 등의 수립) ① 산림청장은 법 제22조의3제1항 및 제3항에 따라 전국 산림에 대한 숲길의 조성·관리 기본계획을 수립 또는 변경한 경우에는 그 내용을 고시(인터넷 홈페이지 게재를 포함한다. 이하 같다)하고, 지방산림청장과 지방자치단체의 장(이하 "숲길관리청"이라 한다)에게 알려야 한다.

② 숲길관리청은 법 제22조의3제5항에 따라 다음 각 호의 사항이 포함된 숲길의 조성·관리 연차별계획을 수립하여 매년 12월 31일까지 산림청장에게 제출하여야 한다. 〈개정 2018. 8. 21.〉

1. 숲길 관련 사업의 개요(사업내용, 소요사업비, 사업기간 및 사업시행자 등을 포함한다)

2. 숲길 관련 사업의 5년 단위 연차별 투자실적 및 계획

3. 그 밖에 숲길의 조성·관리에 필요한 사항

[본조신설 2011. 9. 8.]

[제19조의5에서 이동 〈2024. 1. 10.〉]

제20조(숲길조사의 대상지역 등) ① 법 제22조의3제6항에 따른 숲

길의 예정노선 및 그 주변 산림의 현황과 이미 조성한 숲길의 운영·관리 실태 조사(이하 "숲길조사"라 한다)의 대상지역은 다음 각 호와 같다. 〈개정 2018. 8. 21.〉

1. 산의 정상 지점들을 연결하는 능선부의 주요 숲길

2. 역사적·문화적·산림생태적으로 보전·관리가 필요한 숲길

3. 자연휴양림, 산림욕장, 수목원 및 치유의 숲과 그 주변의 숲길

4. 도시주변 및 관광지 등에 있는 숲길로서 일반 국민이 많이 찾는 숲길

5. 그 밖에 산림청장 및 숲길관리청이 숲길조사가 필요하다고 인정하는 숲길

② 숲길조사에는 다음 각 호의 사항이 포함되어야 한다.

1. 숲길의 노선, 위치 및 거리 등 일반현황

2. 숲길의 접근방법, 이용도, 위험도, 이용의 편의성 및 이용객수 등 숲길 이용정보

3. 숲길의 주변식생 및 훼손정도 등 관리상태

4. 숲길이 가지는 역사적·문화적 가치 등 주요 특징

[전문개정 2011. 9. 8.]

제20조의2(숲길조성계획의 수립 등) ① 숲길관리청은 법 제23조제1항 전단에 따라 숲길조성계획을 수립할 경우에는 다음 각 호의 사항을 포함하여야 한다. 〈개정 2020. 6. 4.〉

1. 숲길의 명칭 및 위치

2. 숲길 노선의 지정 목적

3. 숲길 노선의 지정 기간 및 지정 노선의 거리

4. 숲길 노선에 편입된 토지의 소유자별 지번·지목 및 면적

5. 그 밖에 숲길의 조성에 필요한 사항

② 법 제23조제1항 전단에 따른 타당성 평가의 절차는 다음 각 호에 따른다. 〈신설 2020. 6. 4.〉

1. 영 제11조의2제1항 각 호의 평가기준에 따라 평가를 실시하되, 산림청장이 정하여 고시하는 평가방식을 적용하여 평가할 것

2. 제1호의 타당성 평가기준에 따른 평가 시 숲길을 조성하려는 대상지역에 대한 현지조사를 실시하고, 현지조사 결과서를 작성할 것

3. 타당성 평가를 할 때에는 숲길관리청 및 관계 분야 전문가의 의견을 수렴할 것

③ 숲길관리청은 법 제23조제2항에 따라 숲길 노선의 지정·변경 또는 지정의 해제를 한 경우에는 그 내용을 고시하여야 한다. 〈개정 2020. 6. 4.〉

[본조신설 2011. 9. 8.]

제20조의3(국가숲길의 지정절차) ① 법 제23조의3제1항에 따라 국가숲길의 지정을 받으려는 숲길관리청은 별지 제9호서식에 따른 국가숲길 지정신청서에 다음 각 호의 서류 및 영 별표 3의4에 따른 지정기준에 해당됨을 증명하는 서류를 첨부하여 산림청장에게 제출해야 한다.

1. 숲길노선도(축척 2만5천분의 1 이상) 1부

2. 토지조서(해당 숲길의 지번, 지목, 지적 등을 포함한다) 1부

3. 숲길조사 자료 1부

② 영 제11조의6제3항에 따른 국가숲길 지정서는 별지 제10호서

식에 따른다.

[본조신설 2020. 6. 4.]

[종전 제20조의3은 제20조의4로 이동 〈2020. 6. 4.〉]

제20조의4(국가숲길 운영ㆍ관리 업무의 수탁기관 요건) 법 제23조의4제2항에서 “농림축산식품부령으로 정하는 전문인력과 시설을 갖춘 기관”이란 다음 각 호의 요건을 모두 갖춘 기관을 말한다.

1. 다음 각 목의 어느 하나에 해당하는 기관일 것

가. 「산림조합법」에 따른 산림조합중앙회 또는 산림조합

나. 「민법」에 따라 숲길 조성 및 숲길 이용자의 활동 지원을 목적으로 산림청장 또는 시ㆍ도지사의 허가를 받아 설립된 법인

2. 수탁 업무의 수행을 위한 13명 이상(대표자를 포함한다)의 전담인력을 갖출 것. 이 경우 해당 전담인력의 60퍼센트 이상이 「산림교육의 활성화에 관한 법률」 제2조제2호다목에 따른 숲길등산지도사 자격증을 보유하고 있어야 한다.

3. 수탁 업무 수행에 필요한 사무실을 갖출 것

[본조신설 2024. 5. 1.]

[종전 제20조의4는 제20조의5로 이동 〈2024. 5. 1.〉]

제20조의5(숲길의 조성 등에 대한 지원) 법 제24조제2호에서 “농림축산식품부령으로 정하는 주요 산의 둘레길”이란 다음 각 호와 같다 〈개정 2013. 3. 23.〉

1. 2개 이상 특별시ㆍ광역시ㆍ도에 걸치는 둘레길

2. 3개 이상 시ㆍ군ㆍ구(자치구를 말한다)에 걸치는 둘레길

3. 그 밖에 산림청장이 산림생태ㆍ문화ㆍ휴양 및 치유의 가치가

있다고 인정하는 둘레길

[본조신설 2011. 9. 8.]

[제20조의4에서 이동 〈2024. 5. 1.〉]

제21조(숲길의 휴식기간제 등) ①법 제25조제2항에서 "농림축산식품부령으로 정하는 사항"이란 다음 각 호와 같다. 〈개정 2008. 3. 3., 2011. 9. 8., 2013. 3. 23.〉

1. 숲길의 명칭

2. 휴식년제 또는 휴식기간제 실시의 목적

3. 대체 숲길의 이용안내

4. 위반에 따른 제재사항

5. 그 밖에 숲길관리청이 필요하다고 인정하는 사항

②법 제25조제4항 단서에서 "농림축산식품부령으로 정하는 사유"란 다음 각 호와 같다. 〈개정 2008. 3. 3., 2008. 10. 31., 2011. 9. 8., 2013. 3. 23., 2015. 2. 11., 2019. 9. 24., 2020. 12. 21.〉

1. 산불예방, 병해충방제 및 유해조수제거를 위한 출입

2. 군·경찰 및 예비군의 작전업무수행을 위한 출입

3. 산림 내 원주민의 일상생업에 필요한 출입

4. 「산림보호법」 제46조에 따라 위촉된 숲사랑지도원의 산림보호 활동을 위한 출입

5. 송·배전선로의 순시 및 유지·보수를 위한 출입

6. 그 밖에 숲길관리청이 필요하다고 인정하는 경우

[제목개정 2011. 9. 8.]

제21조의2(숲길 예약탐방제) 법 제25조의2제2항에서 “위치·면적 등 농림축산식품부령으로 정하는 사항”이란 다음 각 호의 사항을 말한다.

1. 숲길의 명칭 및 위치
2. 숲길의 면적 및 거리
3. 예약탐방제 실시 목적
4. 숲길의 이용에 관한 사항
5. 그 밖에 예약탐방제 실시를 위해 필요한 사항

[본조신설 2020. 6. 4.]

제21조의3(숲길에 차마 진입 금지사항의 고시) 법 제25조의3제3항에서 “농림축산식품부령으로 정하는 사항”이란 다음 각 호의 사항을 말한다.

1. 숲길의 명칭
2. 숲길에 진입이 금지되는 「도로교통법」 제2조제17호에 따른 차마(이하 “차마”라 한다)의 종류
3. 숲길에 차마 진입 금지를 위반한 경우에 대한 제재사항
4. 해당 숲길을 대신해서 이용할 수 있는 숲길의 이용 정보
5. 그 밖에 숲길에 차마 진입 금지를 위해 필요한 사항

[본조신설 2020. 12. 21.]

제21조의4(숲길에 차마 진입의 허가) ① 법 제25조의3제4항에 따라 차마의 진입을 금지하는 숲길에 진입하려는 차마의 운전자는 별지 제11호서식에 따른 숲길에의 차마 진입 허가신청서에 차마의 통행에 따른 안전확보 방안을 적은 안전관리 계획서를 첨부하여 숲길관

리청에 제출해야 한다.

② 제1항에 따른 허가신청을 받은 숲길관리청은 차마의 진입으로 숲길 이용자의 안전을 저해할 우려가 없고 숲길의 훼손 가능성이 없다고 인정되는 경우에는 신청인에게 별지 제12호서식에 따른 숲길에의 차마 진입 허가증을 발급해야 한다.

[본조신설 2020. 12. 21.]

제22조(등산 · 트레킹교육의 위탁) 법 제27조제2항에서 "농림축산식품부령으로 정하는 자"란 다음 각 호의 어느 하나를 말한다. 〈개정 2008. 3. 3., 2011. 9. 8., 2013. 3. 23.〉

1. 「공익법인의 설립 · 운영에 관한 법률」에 따라 등산 · 트레킹의 교육 · 훈련 등을 목적으로 설립된 법인

2. 「민법」에 따라 산림청장의 허가를 받아 등산 · 트레킹의 교육 · 훈련 등을 목적으로 설립된 법인

[제목개정 2011. 9. 8.]

제22조의2(한국등산 · 트레킹지원센터의 사업 범위) 법 제27조의2제2항제9호에서 "농림축산식품부령으로 정하는 사업"이란 다음 각 호와 같다. 〈개정 2013. 3. 23., 2016. 1. 27., 2018. 8. 21.〉

1. 등산 · 트레킹 관련 교육 · 훈련 및 홍보에 필요한 영화 · 미디어 제작 사업

2. 이동이 불편한 장애인, 노인 및 아동을 위한 시설 등의 지원사업

3. 숲길 관련 문화전시관, 트레킹문화센터, 기념관의 설치 및 전시 · 교육 등의 사업

4. 「산림교육의 활성화에 관한 법률」 제2조제2호다목에 따른 숲길등산지도사 양성 및 지원사업

5. 숲길관광 관련 교육프로그램 개발 및 교육과정의 운영사업

[본조신설 2011. 9. 8.]

제5장 산림문화자산의 진흥 〈개정 2024. 1. 10.〉

제22조의3(산림문화진흥 전문기관의 업무) 법 제28조의5제2항제5호에서 "농림축산식품부령으로 정하는 업무"란 다음 각 호의 업무를 말한다.

1. 산림문화 관련 기관·단체 등과의 협력체계 구축

2. 그 밖에 산림문화 관련 행사 등 산림문화의 진흥을 위하여 필요한 업무

[본조신설 2024. 1. 10.]

제22조의4(전문기관의 지정 신청 등) ① 영 제13조의2제2항에 따른 산림문화진흥 전문기관 지정신청서는 별지 제13호서식에 따른다.

② 제1항에 따라 신청서를 받은 담당 공무원은 「전자정부법」 제36조제1항에 따른 행정정보의 공동이용을 통해 법인 등기사항증명서(법인인 경우에만 해당한다) 및 사업자등록증명을 확인해야 한다. 다만, 신청인이 사업자등록증명 확인에 동의하지 않는 경우에는 해당 서류의 사본을 첨부하도록 해야 한다.

③ 영 제13조의2제3항에 따른 산림문화진흥 전문기관 지정서는 별지 제14호서식에 따른다.

[본조신설 2024. 1. 10.]

제23조(산림문화자산의 지정 및 지정해제 고시) 법 제29조제4항에 따라 산림문화자산을 지정 또는 지정해제한 경우에 그 고시 사항은 다음 각 호와 같다. 〈개정 2015. 2. 11.〉

1. 지정 또는 지정해제한 산림문화자산의 종류·명칭 및 지정번호
2. 지정의 목적 또는 지정해제의 사유
3. 지정 또는 지정해제한 산림문화자산의 소재지(보관장소를 포함한다)의 지번, 지목, 소유자(소유자가 불명인 경우에는 점유자를 말한다)의 주소·성명(유형 산림문화자산만 해당한다)
4. 지정 또는 지정해제한 산림문화자산의 내용 및 전래되어 오는 지역(무형 산림문화자산만 해당한다)
5. 지정 또는 지정해제 일자
6. 제1호부터 제5호까지와 유사한 사항으로서 산림청장이 필요하다고 인정하는 사항

[전문개정 2010. 9. 17.]

제24조(산림문화자산의 지정 및 지정해제 절차 등) ① 산림청장 또는 시·도지사는 법 제29조제5항에 따라 산림문화자산의 지정 또는 지정해제를 하기 위해서는 실태조사를 실시하여야 한다.

② 제1항에 따른 실태조사의 방법 및 절차 등에 관하여 필요한 사항은 산림청장이 정한다.

[본조신설 2010. 9. 17.]

제25조(지정산림문화자산의 보호 관리비용) 영 제14조의4제2항에 따라 지정산림문화자산의 소유자 또는 관리인이 그 보호·관리에 필요한 비용을 지원받으려면 다음 각 호의 서류를 제출하여야 한다.

1. 지원비용에 대한 세부내역서

2. 지원비용의 산출에 대한 증빙서류

3. 지원비용의 집행계획서

4. 그 밖에 비용지원의 운영 및 관리를 위하여 필요하다고 산림청장이 인정하는 서류

[본조신설 2010. 9. 17.]

제6장 보칙 〈신설 2012. 11. 5.〉

제26조(수수료) 법 제31조의2에 따른 수수료는 별표 6과 같다.

[본조신설 2020. 6. 4.]

제27조 삭제 〈2016. 3. 31.〉

제28조 삭제 〈2016. 3. 31.〉

제29조 삭제 〈2016. 3. 31.〉

제30조(규제의 재검토) 산림청장은 다음 각 호의 사항에 대하여 다음 각 호의 기준일을 기준으로 3년마다(매 3년이 되는 해의 기준일과 같은 날 전까지를 말한다) 그 타당성을 검토하여 개선 등의 조치를 해야 한다. 〈개정 2016. 12. 30., 2022. 4. 11.〉

1. 제12조의2제2항 및 별표 3에 따른 산림치유지도사의 업무범위: 2017년 1월 1일

1의2. 제12조의5에 따른 산림레포츠 프로그램의 범위: 2022년 1월 1일

2. 제13조제1항 및 별지 제4호서식에 따른 자연휴양림 지정 및 지정변경 신청 첨부서류의 범위: 2017년 1월 1일

3. 삭제 〈2016. 12. 30.〉

[본조신설 2014. 12. 24.]

부칙 〈제1536호, 2006. 8. 4.〉

①(시행일)이 규칙은 2006년 8월 5일부터 시행한다.

②(다른 법령과의 관계) 이 규칙 시행당시 다른 법령에서 종전의 「산림법 시행규칙」 또는 그 규정을 인용하고 있는 경우에 이 규칙 중 그에 해당하는 규정이 있는 때에는 종전의 규정에 갈음하여 규칙 또는 이 규칙의 해당규정을 인용한 것으로 본다.

부칙 〈제3호, 2008. 3. 3.〉 (산림청과 그 소속기관 직제 시행규칙)

제1조(시행일) 이 규칙은 공포한 날부터 시행한다.

제2조 생략

제3조(다른 법령의 개정) ① 부터 ③ 까지 생략

④ 산림문화·휴양에 관한 법률 시행규칙 일부를 다음과 같이 개정한다.

제15조제1항, 제17조제1항 각 호 외의 부분·제2항 각 호 외의 부분, 제21조제1항 각 호 외의 부분·제21조제2항 각 호 외의 부분 및 제22조 각 호 외의 부분 중 "농림부령"을 각각 "농림수산식품부령"으로 한다.

⑤ 부터 ⑩ 까지 생략

부칙 〈제36호, 2008. 10. 31.〉 (산불예방 및 진화 등에 관한 규칙)

제1조(시행일) 이 규칙은 공포한 날부터 시행한다.

제2조 생략

제3조(다른 법령의 개정) ① 산림문화·휴양에 관한 법률 시행규칙 일부를 다음과 같이 한다.

제16조제2항제10호, 제17조제2항제4호 및 제21조제2항제4호 중 "명예산림보호지도원"을 각각 "숲사랑지도원"으로 한다.

② 및 ③ 생략

부칙 〈제116호, 2010. 3. 10.〉 (산림보호법 시행규칙)

제1조(시행일) 이 규칙은 공포한 날부터 시행한다.

제2조 및 제3조 생략

제4조(다른 법령의 개정) ① 생략

②「산림문화·휴양에 관한 법률 시행규칙」일부를 다음과 같이 개정한다.

제16조제2항제10호를 다음과 같이 한다.

10.「산림보호법 시행규칙」제39조제2항 및 제6항에 따라 위촉된 숲사랑지도원 및 숲사랑지도위원

제17조제2항제4호를 다음과 같이 한다.

4.「산림보호법 시행규칙」제39조제2항 및 제6항에 따라 위촉된 숲사랑지도원 및 숲사랑지도위원의 산림보호활동을 위한 출입

③ 생략

부칙 〈제148호, 2010. 9. 17.〉

제1조(시행일) 이 규칙은 공포한 날부터 시행한다.

제2조(교육프로그램 및 교육과정의 인증에 관한 적용례) 별표 1의 개정규정은 이 규칙 시행 후 최초로 산림문화·휴양 교육프로그램 및 교육과정 인증을 신청한 것부터 적용한다.

부칙 〈제202호, 2011. 9. 8.〉

이 규칙은 2011년 9월 10일부터 시행한다.

부칙 〈제241호, 2012. 1. 13.〉

이 규칙은 2012년 1월 15일부터 시행한다.

부칙 〈제300호, 2012. 7. 27.〉 (산림교육의 활성화에 관한 법률 시행규칙)

제1조(시행일) 이 규칙은 공포한 날부터 시행한다.

제2조(다른 법령의 개정) 산림문화·휴양에 관한 법률 시행규칙 일부를 다음과 같이 개정한다.

제2조부터 제11조까지를 각각 삭제한다.

별표 1 및 별표 2를 각각 삭제한다.

별지 제1호서식부터 별지 제3호서식까지를 각각 삭제한다.

제3조 생략

부칙 〈제318호, 2012. 11. 5.〉

이 규칙은 2012년 11월 24일부터 시행한다.

부칙 〈제336호, 2013. 1. 23.〉 (법령서식 개선 등을 위한 국유림의 경영 및 관리에 관한 법률 시행규칙 등 일부개정령)
이 규칙은 공포한 날부터 시행한다.

부칙 〈제24호, 2013. 3. 23.〉 (산림청과 그 소속기관 직제 시행규칙)
제1조(시행일) 이 규칙은 공포한 날부터 시행한다.
제2조 생략
제3조(다른 법령의 개정) ①부터 ③까지 생략
④ 산림문화·휴양에 관한 법률 시행규칙 일부를 다음과 같이 개정한다.
제12조의2제1항 각 호 외의 부분, 제17조제1항 각 호 외의 부분, 같은 조 제2항 각 호 외의 부분, 제20조의3 각 호 외의 부분, 제21조제1항 각 호 외의 부분, 같은 조 제2항 각 호 외의 부분, 제22조 각 호 외의 부분 및 제22조의2 각 호 외의 부분 중 "농림수산식품부령"을 각각 "농림축산식품부령"으로 한다.
⑤부터 ⑪까지 생략

부칙 〈제118호, 2014. 12. 24.〉 (규제 재검토기한 설정 등 규제정비를 위한 국유림의 경영 및 관리에 관한 법률 시행규칙 등 일부개정령)

이 규칙은 2015년 1월 1일부터 시행한다.

부칙 <제134호, 2015. 2. 11.>

이 규칙은 공포한 날부터 시행한다.

부칙 <제184호, 2015. 12. 30.> (법령서식 일괄 개정을 위한 국유림의 경영 및 관리에 관한 법률 시행규칙 등 일부개정령)

이 규칙은 공포한 날부터 시행한다.

부칙 <제197호, 2016. 1. 27.>

제1조(시행일) 이 규칙은 공포한 날부터 시행한다.

제2조(산림치유지도사 자격증에 관한 경과조치) 별지 제3호의3서식의 개정규정에도 불구하고 이 규칙 시행 당시 종전의 규정에 따라 발급된 산림치유지도사 자격증은 별지 제3호의3서식의 개정규정에 따라 발급된 것으로 본다.

부칙 <제204호, 2016. 3. 31.> (산림복지 진흥에 관한 법률 시행규칙)

제1조(시행일) 이 규칙은 공포한 날부터 시행한다.

제2조 생략

제3조(다른 법령의 개정) 산림문화·휴양에 관한 법률 시행규칙 일부를 다음과 같이 개정한다.

제26조부터 제29조까지를 각각 삭제한다.

부칙 〈제224호, 2016. 11. 4.〉

이 규칙은 공포한 날부터 시행한다.

부칙 〈제233호, 2016. 12. 30.〉 (규제 재검토기한 설정 등을 위한 목재의 지속가능한 이용에 관한 법률 시행규칙 등 일부개정령)

이 규칙은 공포한 날부터 시행한다.

부칙 〈제331호, 2018. 8. 21.〉

이 규칙은 2018년 8월 22일부터 시행한다.

부칙 〈제394호, 2019. 9. 24.〉 (어려운 법령용어 정비를 위한 산림청 소관 10개 법령의 일부개정에 관한 농림축산식품부령)

이 규칙은 공포한 날부터 시행한다.

부칙 〈제428호, 2020. 6. 4.〉

이 규칙은 2020년 6월 4일부터 시행한다.

부칙 〈제461호, 2020. 12. 21.〉

이 규칙은 공포한 날부터 시행한다.

부칙 〈제527호, 2022. 4. 11.〉 (행정규제기본법에 따른 일몰규제 정비를 위한 6개 법령의 일부개정에 관한 농림축산식품부령)

이 규칙은 공포한 날부터 시행한다.

부칙 〈제578호, 2023. 4. 11.〉

이 규칙은 공포한 날부터 시행한다.

부칙 〈제588호, 2023. 6. 8.〉

이 규칙은 2023년 6월 11일부터 시행한다.

부칙 〈제630호, 2024. 1. 10.〉

이 규칙은 공포한 날부터 시행한다.

부칙 〈제652호, 2024. 5. 1.〉

이 규칙은 공포한 날부터 시행한다.

별표 / 서식

[별표 1] 삭제 〈2012.7.27〉

[별표 2] 삭제 〈2012.7.27〉

[별표 3] 산림치유지도사 업무범위(제12조의2제2항 관련)

[별표 4] 삭제 〈2020. 6. 4.〉

[별표 4의2] 산림치유지도사 양성기관의 지정취소 등의 세부기준(제12조의3제6항 관련)

[별표 5] 산림치유지도사 양성교육의 내용·기간 등(제12조의3제8항 관련)

[별표 6] 수수료(제26조 관련)

[별지 제1호서식] 삭제 〈2012.7.27〉

[별지 제2호서식] 삭제 〈2012.7.27〉

[별지 제3호서식] 삭제 〈2012.7.27〉

[별지 제3호의2서식] 산림치유지도사 자격증 발급신청서

[별지 제3호의3서식] 산림치유지도사 자격증

[별지 제3호의4서식] 산림치유지도사 자격증 발급대장

[별지 제3호의5서식] 산림치유지도사 자격증 재발급신청서

[별지 제3호의6서식] 산림치유지도사 양성기관 지정신청서

[별지 제3호의7서식] 산림치유지도사 양성기관 지정서

[별지 제3호의8서식] 산림치유지도사 양성기관 변경신고서

[별지 제3호의9서식] 산림레포츠지도사 자격증 발급신청서

[별지 제3호의10서식] 산림레포츠지도사 자격증

[별지 제3호의11서식] 산림레포츠지도사 자격증 발급대장

[별지 제4호서식] 자연휴양림(지정, 지정해제, 지정구역 변경) 신청서

[별지 제5호서식] 삭제 〈2010.9.17〉

[별지 제6호서식] 삭제 〈2010.9.17〉

[별지 제7호서식] 자연휴양림(조성계획, 조성계획변경)승인신청서

[별지 제7호의2서식] 자연휴양림조성계획 승인취소 신청서

[별지 제8호서식] 산림욕장등(조성계획, 조성계획변경)승인신청서

[별지 제8호의2서식] 숲경영체험림(조성계획, 조성계획변경) 승인신청서

[별지 제8호의3서식] 산림욕장등조성계획 승인취소 신청서

[별지 제9호서식] 국가숲길 지정신청서

[별지 제10호서식] 국가숲길 지정서

[별지 제11호서식] 숲길에의 차마 진입 허가신청서

[별지 제12호서식] 숲길에의 차마 진입 허가증

[별지 제13호서식] 산림문화진흥 전문기관 지정신청서

[별지 제14호서식] 산림문화진흥 전문기관 지정서

대한민국 법령 시리즈 36

산림문화 · 휴양에 관한 법률

(약칭 : 산림휴양법)

법 령 / 시 행 령 / 시 행 규 칙

2025년 7월 23일 인쇄 정가 18,000원
2025년 8월 3일 발행

편 저 편집부
디 자 인 송영미
발 행 인 조준형
발 행 처 해광출판사

http://www.hgbookpub.com
E-mail : munbookcokr@naver.com
주 소 부산광역시 중구 해관로 41-1 (중앙동2가)
전화번호 (051) 253-0001 팩스 (051) 245-1187

등 록 제 2012-000005호

해광출판사에서는 여러분의 소중한 원고와 함께 할 기회를 기다리고 있습니다. 책으로 엮을 원고나 아이디어가 있으신 분들은 이메일 munbookcokr@naver.com 로 책에 대한 간단한 개요와 원고 전체 또는 일부를 연락처와 함께 보내주십시오.

ISBN 979-11-6881-857-6

※ 법령 출처 : 법제처 국가법령정보센터
※ 본 도서는 〈공공데이터 제공 및 이용 활성화에 관한 법률〉을 근거로 출판되었습니다.

해광출판사 대한민국 법령 시리즈

001. 선원법
002. 어선법
003. 선박직원법
004. 해사안전기본법
005. 해양환경관리법
006. 선박의 입항 및 출항등에 관한 법률
007. 학교안전사고예방 및 보상에 관한 법률
008. 종합부동산세법
009. 방위사업법
010. 행정규제기본법
011. 식품산업진흥법
012. 위험물안전관리법
013. 화재의 예방 및 안전관리에 관한 법률
014. 도시가스사업법
015. 실내공기질관리법
016. 지방세법
017. 소득세법
018. 법인세법
019. 도선법
020. 선박안전법
021. 선박법
022. 수산업법
023. 고압가스안전관리법
024. 국민연금법
025. 공동주택관리법
026. 화학물질관리법
027. 어선원 및 어선 재해보상보험법
028. 장기등 이식에 관한 법률
029. 자연재해대책법
030. 공유재산 및 물품 관리법
031. 산업입지 및 개발에 관한 법률
032. 부정경쟁방지 및 영업비밀보호에 관한 법률
033. 금융지주회사법
034. 온실가스 배출권의 할당 및 거래에 관한 법률
035. 건축사법
036. 산림문화휴양에 관한 법률
037. 전기사업법
038. 사립학교법
039. 고등교육법
040. 액화석유가스의 안전관리 및 사업법
041. 선박투자회사법
042. 수산자원관리법
043. 위험물선박운송및저장규칙
044. 선박평형수관리법
045. 주택임대차보호법
046. 상가건물임대차보호법
047. 지방공기업법
048. 승강기안전관리법
049. 수목원·정원의 조성 및 진흥에 관한 법률
050. 민법
051. 치료감호 등에 관한 법률
052. 대부업 등의 등록 및 금융이용자 보호에 관한 법률
053. 사료관리법
054. 무형문화재 보전 및 진흥에 관한 법률
055. 총포·도검·화약류 등의 안전관리에 관한 법률
056. 경찰관직무집행법
057. 시설물의 안전 및 유지관리에 관한 특별법
058. 수산생물질병 관리법
059. 소비자기본법
060. 국제선박등록법
061. 정보통신망 이용촉진 및 정보보호 등에 관한 법률
062. 해운법
063. 농수산물 품질관리법
064. 수산업협동조합법
065. 해외건설촉진법
066. 수상레저안전법
067. 공무원재해보상법
068. 수상에서의 수색·구조 등에 관한 법률
069. 어촌어항법
070. 항만법
071. 항만운송사업법
072. 해양경비법
073. 해양사고의 조사 및 심판에 관한 법률
074. 외국인근로자의 고용 등에 관한 법률
075. 중소기업기본법
076. 자유무역지역의 지정 및 운영에 관한 법률
077. 대기환경보전법
078. 소음진동관리법
079. 폐기물관리법
080. 하수도법
081. 물환경보전법
082. 토양환경보전법
083. 환경정책기본법
084. 산업재해보상보험법
085. 관세법
086. 노동조합 및 노동관계조정법
087. 근로기준법
088. 군인연금법
089. 먹는물관리법
090. 기술보증기금법
091. 관광진흥법
092. 감염병의 예방 및 관리에 관한 법률
093. 사법경찰관리의 직무를 수행할 자와 그 직무범위에 관한 법률
094. 수의사법
095. 가정폭력방지 및 피해자보호 등에 관한 법률
096. 환경영향평가법
097. 체육시설의 설치 · 이용에 관한 법률
098. 장사 등에 관한 법률
099. 상호저축은행법
100. 은행법
101. 보호관찰 등에 관한 법률
102. 형법
103. 자동차관리법
104. 형사소송법
105. 전자금융거래법
106. 마약류 불법거래 방지에 관한 특례법
107. 도로법
108. 주세법
109. 변리사법
110. 하천법
111. 중소기업진흥에 관한 법률
112. 발달장애인 권리보장 및 지원에 관한 법률
113. 주택법
114. 장애인복지법
115. 농어업경영체 육성 및 지원에 관한 법률
116. 공인중개사법
117. 건강기능식품에 관한 법률
118. 예비군법
119. 개발제한구역의 지정 및 관리에 관한 특별조치법
120. 국유재산법
121. 주차장법
122. 환경기술 및 환경산업 지원법
123. 대기관리권역의 대기환경개선에 관한 특별법
124. 악취방지법
125. 미세먼지 저감 및 관리에 관한 특별법
126. 가축분뇨의 관리 및 이용에 관한 법률
127. 물의 재이용 촉진 및 지원에 관한 법률
128. 물관리기본법
129. 물관리기술 발전 및 물산업 진흥에 관한 법률
130. 자원의 절약과 재활용촉진에 관한 법률
131. 전기 · 전자제품 및 자동차의 자원순환에 관한 법률
132. 건설폐기물의 재활용촉진에 관한 법률
133. 수도권매립지관리공사의 설립 및 운영 등에 관한 법률
134. 폐기물의 국가 간 이동 및 그 처리에 관한 법률
135. 폐기물처리시설 설치촉진 및 주변지역지원 등에 관한 법률
136. 자원순환기본법
137. 잔류성오염물질 관리법
138. 환경분쟁 조정법

해광출판사 대한민국 법령 시리즈

139. 화학물질의 등록 및 평가 등에 관한 법률
140. 환경오염시설의 통합관리에 관한 법률
141. 환경오염피해 배상책임 및 구제에 관한 법률
142. 중소기업제품 구매촉진 및 판로지원에 관한 법률
143. 환경개선비용 부담법
144. 환경분야 시험·검사 등에 관한 법률
145. 환경친화적 산업구조로의 전환촉진에 관한 법률
146. 환경친화적 자동차의 개발 및 보급 촉진에 관한 법률
147. 환경범죄 등의 단속 및 가중처벌에 관한 법률
148. 생명윤리 및 안전에 관한 법률
149. 장애인차별금지 및 권리구제 등에 관한 법률
150. 부동산투자회사법
151. 정치자금법
152. 과학기술기본법
153. 대리점거래의 공정화에 관한 법률
154. 상속세 및 증여세법
155. 학원의 설립 · 운영 및 과외교습에 관한 법률
156. 해양심층수의 개발 및 관리에 관한 법률
157. 전기용품 및 생활용품 안전관리법
158. 사회기반시설에 대한 민간투자법
159. 공직선거법
160. 정당법
161. 유류오염손해배상 보장법
162. 부정청탁 및 금품등 수수의 금지에 관한 법률
163. 항로표지법
164. 어장관리법
165. 민방위기본법
166. 공직자윤리법
167. 선거관리위원회법
168. 유선 및 도선 사업법
169. 전기공사업법
170. 사회복지사업법
171. 택지개발촉진법
172. 국가공무원법
173. 민간임대주택에 관한 특별법
174. 어음법·수표법
175. 민사집행법
176. 상법
177. 문화예술진흥법
178. 중소기업협동조합법
179. 농업협동조합법
180. 도로교통법
181. 의료사고 피해구제 및 의료분쟁 조정 등에 관한 법률
182. 산림보호법
183. 소년법
184. 동물보호법
185. 건축물관리법
186. 도시개발법
187. 화물자동차 운수사업법
188. 도시 및 주거환경정비법
189. 의료법
190. 국회법
191. 응급의료에 관한 법률
192. 출입국관리법
193. 노인복지법
194. 산림자원의 조성 및 관리에 관한 법률
195. 청소년 보호법
196. 초 · 중등교육법
197. 혁신도시 조성 및 발전에 관한 특별법
198. 경제자유구역의 지정 및 운영에 관한 특별법
199. 공공기관의 운영에 관한 법률
200. 대한민국헌법
201. 국민기초생활 보장법
202. 저작권법
203. 가사소송법
204. 국가유공자 등 예우 및 지원에 관한 법률
205. 국민체육진흥법
206. 전통주 등의 산업진흥에 관한 법률
207. 재난 및 안전관리 기본법
208. 정보통신공사업법
209. 주식회사 등의 외부감사에 관한 법률
210. 공익사업을 위한 토지 등의 취득 및 보상에 관한 법률
211. 개인정보 보호법
212. 국세기본법
213. 에너지이용 합리화법
214. 감정평가 및 감정평가사에 관한 법률
215. 국가인권위원회법
216. 가맹사업거래의 공정화에 관한 법률
217. 보건의료기본법
218. 산업안전보건법
219. 법무사법
220. 교육공무원법
221. 특허법
222. 민사소송법
223. 아동복지법
224. 전파법
225. 하도급거래 공정화에 관한 법률
226. 기초연금법
227. 사립학교교직원 연금법
228. 직업안정법
229. 장애아동 복지지원법
230. 부동산등기법
231. 자동차손해배상 보장법
232. 철도안전법
233. 항공안전법
234. 전자상거래 등에서의 소비자보호에 관한 법률
235. 독점규제 및 공정거래에 관한 법률
236. 상표법
237. 채무자 회생 및 파산에 관한 법률
238. 공무원연금법
239. 축산법
240. 근로복지기본법
241. 민원 처리에 관한 법률
242. 약사법
243. 방문판매 등에 관한 법률
244. 건축기본법
245. 지방세기본법
246. 지방세징수법
247. 지방자치법
248. 도시교통정비 촉진법
249. 공공주택 특별법
250. 국세징수법
251. 공인노무사법
252. 중대재해 처벌 등에 관한 법률
253. 외무공무원법
254. 소방시설공사업법
255. 검역법
256. 공중위생관리법
257. 할부거래에 관한 법률
258. 인터넷 멀티미디어 방송사업법
259. 전기통신사업법
260. 제품안전기본법
261. 철도사업법
262. 어린이제품 안전 특별법
263. 영유아보육법
264. 원자력안전법
265. 보험업법
266. 경비업법
267. 교통안전법
268. 세무사법
269. 관세사법
270. 공인회계사법
271. 지방공무원법
272. 고용정책 기본법
273. 국가경찰과 자치경찰의 조직 및 운영에 관한 법률
274. 협동조합 기본법
275. 재해구호법
276. 환경보건법

해광출판사 대한민국 법령 시리즈

277. 자살예방 및 생명존중문화 조성을 위한 법률
278. 소방산업의 진흥에 관한 법률
279. 소방기본법
280. 비송사건절차법
281. 자연환경보전법
282. 변호사법
283. 기업구조조정투자회사법
284. 전기통신기본법
285. 에너지법
286. 해양생태계의 보전 및 관리에 관한 법률
287. 사회보장기본법
288. 통신비밀보호법
289. 공증인법
290. 물류시설의 개발 및 운영에 관한 법률
291. 청소년활동 진흥법
292. 형의 집행 및 수용자의 처우에 관한 법률
293. 도시공원 및 녹지 등에 관한 법률
294. 태권도 진흥 및 태권도공원 조성 등에 관한 법률
295. 녹색건축물 조성 지원법
296. 우편법
297. 예금자보호법
298. 건설산업기본법
299. 금융회사의 지배구조에 관한 법률
300. 장애인활동 지원에 관한 법률
301. 언론중재 및 피해구제 등에 관한 법률
302. 국가재정법
303. 농지법
304. 게임산업진흥에 관한 법률
305. 정신건강증진 및 정신질환자 복지서비스 지원에 관한 법률
306. 디자인보호법
307. 의료기사 등에 관한 법률
308. 스마트도시 조성 및 산업진흥 등에 관한 법률
309. 내수면어업법
310. 한국주택금융공사법
311. 의료기기법
312. 유통산업발전법
313. 전통시장 및 상점가 육성을 위한 특별법
314. 여신전문금융업법
315. 해외자원개발 사업법
316. 산업교육진흥 및 산학연협력촉진에 관한 법률
317. 빈집 및 소규모주택 정비에 관한 특례법
318. 기업도시개발 특별법
319. 전력기술관리법
320. 국토기본법
321. 지하수법
322. 식품위생법
323. 광업법
324. 호스피스·완화의료 및 임종과정에 있는 환자의 연명의료결정에 관한 법률
325. 주식·사채 등의 전자등록에 관한 법률
326. 표시·광고의 공정화에 관한 법률
327. 골재채취법
328. 국민건강증진법
329. 새마을금고법
330. 여객자동차 운수사업법
331. 마리나항만의 조성 및 관리 등에 관한 법률
332. 한부모가족지원법
333. 국가를 당사자로 하는 계약에 관한 법률
334. 지방자치단체를 당사자로 하는 계약에 관한 법률
335. 축산물 위생관리법
336. 병역법
337. 음악산업진흥에 관한 법률
338. 국가균형발전 특별법
339. 첨단재생의료 및 첨단바이오의약품 안전 및 지원에 관한 법률
340. 공간정보의 구축 및 관리 등에 관한 법률
341. 공유수면 관리 및 매립에 관한 법률
342. 농수산물 유통 및 가격안정에 관한 법률
343. 아시아문화중심도시 조성에 관한 특별법
344. 신탁법
345. 자연공원법
346. 생활화학제품 및 살생물제의 안전관리에 관한 법률
347. 군인사법
348. 국제조세조정에 관한 법률
349. 낙동강수계 물관리 및 주민지원 등에 관한 법률
350. 주민등록법
351. 집합건물의 소유 및 관리에 관한 법률
352. 집단에너지사업법
353. 산림조합법
354. 반도체집적회로의 배치설계에 관한 법률
355. 자본시장과 금융투자업에 관한 법률
356. 담보부사채신탁법
357. 근로자퇴직급여 보장법
358. 국제과학비즈니스벨트 조성 및 지원에 관한 특별법
359. 수도법
360. 식품 등의 표시 · 광고에 관한 법률
361. 약관의 규제에 관한 법률
362. 인삼산업법
363. 종자산업법
364. 항공사업법
365. 건설기계관리법
366. 군형법
367. 궤도운송법
368. 기술의 이전 및 사업화 촉진에 관한 법률
369. 농수산물의 원산지 표시 등에 관한 법률
370. 담배사업법
371. 석유 및 석유대체연료 사업법
372. 가축전염병 예방법
373. 농어촌정비법
374. 식물신품종 보호법
375. 항공보안법
376. 중소기업창업 지원법
377. 군사법원법
378. 우주개발 진흥법
379. 해저광물자원 개발법
380. 산림복지 진흥에 관한 법률
381. 지능형 로봇 개발 및 보급 촉진법
382. 헌법재판소법
383. 옥외광고물 등의 관리와 옥외광고산업 진흥에 관한 법률
384. 혈액관리법
385. 국제항해선박 등에 대한 해적행위 피해예방에 관한 법률
386. 유료도로법
387. 독립유공자예우에 관한 법률
388. 신에너지 및 재생에너지 개발 · 이용 · 보급 촉진법
389. 신용정보의 이용 및 보호에 관한 법률
390. 출판문화산업 진흥법
391. 공항시설법
392. 국민 평생 직업능력 개발법
393. 아동 · 청소년의 성보호에 관한 법률
394. 방송법쉬
395. 신용보증기금법
396. 화장품법
397. 청소년 기본법
398. 인터넷주소자원에 관한 법률
399. 양곡관리법
400. 도로명주소법
401. 전자문서 및 전자거래 기본법
402. 산업기술의 유출방지 및 보호에 관한 법률
403. 국가기술자격법
404. 양식산업발전법
405. 산업기술혁신 촉진법
406. 새만금사업 추진 및 지원에 관한 특별법
407. 전자정부법
408. 지역 개발 및 지원에 관한 법률
409. 한국농어촌공사 및 농지관리기금법
410. 계량에 관한 법률
411. 기업활동 규제완화에 관한 특별조치법
412. 군에서의 형의 집행 및 군수용자의 처우에 관한 법률

해광출판사 대한민국 법령 시리즈

413. 규제자유특구 및 지역특화발전특구에 관한 규제특례법
414. 금융위원회의 설치 등에 관한 법률
415. 남녀고용평등과 일·가정 양립 지원에 관한 법률
416. 농어업인 삶의 질 향상 및 농어촌지역 개발촉진에 관한 특별법
417. 댐건설·관리 및 주변지역지원 등에 관한 법률
418. 국가유산수리 등에 관한 법률
419. 법원조직법
420. 보훈보상대상자 지원에 관한 법률
421. 부패방지 및 국민권익위원회의 설치와 운영에 관한 법률
422. 과학기술분야 정부출연연구기관 등의 설립·운영 및 육성에 관한 법률
423. 연구개발특구의 육성에 관한 특별법
424. 친환경농어업 육성 및 유기식품 등의 관리·지원에 관한 법률
425. 연안관리법
426. 영화 및 비디오물의 진흥에 관한 법률
427. 신용협동조합법
428. 방송통신발전 기본법
429. 범죄피해자 보호법
430. 가축 및 축산물 이력관리에 관한 법률
431. 국가표준기본법
432. 국가통합교통체계효율화법
433. 범죄인 인도법
434. 국가과학기술 경쟁력 강화를 위한 이공계지원 특별법
435. 국제경기대회 지원법
436. 금융혁신지원 특별법
437. 수자원의 조사·계획 및 관리에 관한 법률
438. 축산자조금의 조성 및 운용에 관한 법률
439. 소방시설 설치 및 관리에 관한 법률
440. 양성평등기본법
441. 축산계열화사업에 관한 법률
442. 수입식품안전관리 특별법
443. 대외무역법
444. 국가연구개발사업 등의 성과평가 및 성과관리에 관한 법률
445. 무역보험법
446. 기술사법
447. 광산안전법
448. 농약관리법
449. 농업·농촌 및 식품산업 기본법
450. 문화산업진흥 기본법
451. 부담금관리 기본법
452. 야생생물 보호 및 관리에 관한 법률
453. 한국은행법
454. 별정우체국법
455. 원양산업발전법
456. 콘텐츠산업 진흥법
457. 한국수출입은행법
458. 외국인투자 촉진법
459. 물류정책기본법
460. 전자서명법
461. 산업발전법
462. 산업표준화법
463. 소프트웨어 진흥법
464. 토지이용규제 기본법
465. 해수욕장의 이용 및 관리에 관한 법률
466. 정보통신 진흥 및 융합 활성화 등에 관한 특별법
467. 정보통신산업 진흥법
468. 지진·화산재해대책법
469. 소금산업진흥법
470. 위치정보의 보호 및 이용 등에 관한 법률
471. 외국법자문사법
472. 이러닝(전자학습)산업 발전 및 이러닝 활용 촉진에 관한 법률
473. 암관리법
474. 실용신안법
475. 가족관계의 등록 등에 관한 법률
476. 무인도서의 보전 및 관리에 관한 법률
477. 감사원법
478. 정보보호산업의 진흥에 관한 법률
479. 결혼중개업의 관리에 관한 법률
480. 공익신고자 보호법
481. 박물관 및 미술관 진흥법
482. 낚시 관리 및 육성법
483. 동산·채권 등의 담보에 관한 법률
484. 임금채권보장법
485. 국민투표법
486. 농림수산업자 신용보증법
487. 국가채권 관리법
488. 중소기업은행법
489. 식품안전기본법
490. 외국환거래법
491. 발명진흥법
492. 건설기술 진흥법
493. 기후위기 대응을 위한 탄소중립·녹색성장 기본법
494. 인체조직안전 및 관리 등에 관한 법률
495. 엔지니어링산업 진흥법
496. 신문 등의 진흥에 관한 법률
497. 식물방역법
498. 석탄산업법
499. 산업융합 촉진법
500. 비료관리법
501. 임업 및 산촌 진흥촉진에 관한 법률
502. 복권 및 복권기금법
503. 대규모유통업에서의 거래 공정화에 관한 법률
504. 뉴스통신 진흥에 관한 법률
505. 지능정보화 기본법
506. 자격기본법
507. 중소기업 기술혁신 촉진법
508. 국가공간정보 기본법
509. 농어업재해대책법
510. 방송광고판매대행 등에 관한 법률
511. 지식재산 기본법
512. 초고층 및 지하연계 복합건축물 재난관리에 관한 특별법
513. 해양 조사와 해양정보 활용에 관한 법률
514. 공간정보산업 진흥법
515. 공공기관의 정보공개에 관한 법률
516. 행정기본법
517. 해상교통안전법
518. 농어업재해보험법
519. 문화유산의 보존 및 활용에 관한 법률
520. 자연유산의 보존 및 활용에 관한 법률
521. 국토의 계획 및 이용에 관한 법률
522. 건축법
523. 국민건강보험법
524. 계엄법
525. 환경친화적 선박의 개발 및 보급 촉진에 관한 법률
526. 해양폐기물 및 해양오염퇴적물 관리법
527. 연안사고 예방에 관한 법률
528. 전기안전관리법
529. 의약품 등의 안전에 관한 규칙
530. 공공보건의료에 관한 법률
531. 군보건의료에 관한 법률
532. 농어촌 등 보건의료를 위한 특별조치법
533. 보호소년 등의 처우에 관한 법률
534. 국가를 당사자로 하는 소송에 관한 법률
535. 간호법
536. 국립묘지의 설치 및 운영에 관한 법률
537. 주류 면허 등에 관한 법률
538. 부가가치세법

*** 해광출판사의 법령 시리즈는 계속 발행 됩니다.**
**** 각 도서의 개정판은 인쇄일을 기준으로 제작 되었습니다.**